GUÍA INTERNET

GUÍA INTERNET de GOMAESPUMA

AGUILAR

2000, Grupo Santillana de Ediciones, S. A.
Ediciones El País, S. A.
Torrelaguna, 60. 28043 Madrid
Teléfono 91 744 90 60
Telefax 91 744 90 93

© Aguilar, Altea, Taurus, Alfaguara S. A.
Beazley 3860. 1437 Buenos Aires
© Aguilar, Altea, Taurus, Alfaguara S. A. de C. V.
Avda. Universidad, 767, Col. del Valle,
México, D.F. C. P. 03100
© Ediciones Santillana, S. A.
Calle 80 N° 10-23
Bogotá, Colombia

Edición de: Nuria Serena y Yolanda Ariza.
Proyecto gráfico y diseño de cubierta:
Pablo Espada.
Maquetación: Álvaro Gómez Perpiñá.

1ª edición: Septiembre de 2000

ISBN: 84-03-09215-6
Depósito legal: M-35.841/00
Impreso en España por ORYMU, S. A. - Printed in Spain

Índice

Segunda Parte:

Tercera Parte:

Bonito prólogo que siempre antecede a un libro elegante a la par que sencillo

Bienvenido a la *Guía de Internet de Gomaespuma.* Durante cinco años hemos tenido que irnos inventando un manual de acceso a un medio que nació sin instrucciones de uso. A base de muchas horas de frustración, grandes meteduras de pata y algún que otro disgusto económico (todavía nos recuerdan en la radio la facturación telefónica que trajimos de nuestro viaje a Jordania, donde en lugar de engancharnos a la Red con un proveedor local lo hicimos vía conferencia con el nuestro en España), el equipo de Gomaespuma ha conseguido navegar por la Web sin demasiados apuros.

Ha sido un viaje de ida y vuelta. Hemos hecho de usuarios, buscando datos para rellenar los huecos intelectuales que nos surgían a lo largo del programa, y hemos ejercido de weberos, facilitando a través de la **Webería de Gomaespuma** el acceso del público a nuestros contenidos. Estar a ambos lados de la frontera nos ha proporcionado dolores de cabeza de diversa intensidad, pero también nos ha facilitado mucho las cosas. Hemos aprendido a conjugar la ansiedad del que piensa que en Internet se puede encontrar de todo y lo quiere ¡ya!, con el reto de intentar salvar las limitaciones reales de la tecnología vigente. Fruto de ambas experiencias surge este libro, en el que no te vendemos burras, que en Internet tampoco existen, ni te desanimamos a emprender desafíos que muy pronto serán posibles.

Todos los que hacemos Gomaespuma hemos reflexionado para poner a disposición de Nuria Serena y Yolanda Ariza lo que sabíamos de la Red: por dónde nos movíamos, cuáles eran nuestras páginas favoritas, etc. Ellas, con mucho trabajo y un bocadillo diario, lo han ordenado, limpiado y dado forma, hasta que han conseguido plasmarlo en el texto que ahora ponemos a vuestra disposición.

No negamos que tú con tu propia experiencia podrías llegar a conclusiones parecidas a las nuestras, pero sí te prometemos que con esta guía te evitarás chocar con las numerosas piedras con las que todo internauta autodidacta tropieza sin remedio. Lo que tienes en tu mano es la carta de navegación con los conceptos básicos para arrancar tu máquina, despegar y comenzar el vuelo. Una vez en el aire, el destino dependerá sólo de ti. Buen viaje en nombre del dúo Corchopán.

Guillermo Fesser
y Juan Luis Cano

GOMAESPUMA

Introducción

Intentar estar al día de todas las novedades que se producen en Internet es algo difícil de conseguir, una tarea prácticamente imposible... Aunque tuvieras la mayor parte de la información que pudieras obtener sobre Internet compilada, nunca la tendrías toda... Seamos honestos... Cambia constantemente y evoluciona segundo a segundo... En este libro intentaremos aclararte algunas de las dudas más habituales con las que se encuentra un neointernauta... Las explicaremos de una manera que resulte sencilla, simpática y útil para el nuevo miembro de la familia cibernética. Quién sabe... Quizá tras horas de navegación te conviertas en todo un experto y nos ayudes en la elaboración de una segunda guía de Internet con nuevas respuestas, consejos, recomendaciones, direcciones... En definitiva, una guía actualizada que evolucione paralelamente a como lo hace Internet.

"Asín" es

No hay situación que te haga sentir peor que estar escuchando a alguien tratar un tema que desconoces totalmente, lo que te obliga a no meter baza en toda la conversación. Lo cierto es que Internet ha causado ese efecto en muchos de nosotros durante unos cuantos años... En cualquier reunión siempre había alguien que sacaba el tema: su nueva afición era chatear, las colas en los bancos y en el súper se habían acabado para él. ¿Las conferencias? "Eso pasó a la historia", con lo baratos que resultan los e-mails... Tú no estabas ni conectado a la Red, ni a la conversación... No podía ser. Entonces decides ponerte al día, empaparte de todas esas cosas raras que a ti te suenan a chino —porque, la verdad, es que no te queda otro remedio— . A estas alturas, a un paso del siglo XXI, en la era de la informática, sigues utilizando el ordenador como si fuera una máquina de escribir. Te encuentras un tanto desfasado, *old fashion man,* como dirían los más enteradillos, y necesitas una rápida puesta a punto... Y aquí entramos nosotros. La *Guía de Internet de Gomaespuma,* que aunque por su tamaño pueda parecer un tanto escasa de contenidos, no lo es, ya que en ella encontrarás respuestas para todas tus dudas —que, siento desilusionarte, serán muchas—, consejos y recomendaciones para que no zozobres cuando navegues por la Red.

En esta guía más que encontrar todo aquello que hoy en día se sabe sobre las autopistas de la información, optamos por ser prácticos. Sabrás cuáles son los mejores servidores actuales de Internet, te enseñaremos cómo conectar con ellos y a convertirte en un auténtico experto navegando por la Red. Pronto serás capaz de enviar mensajes al otro lado del mundo por el precio de una llamada local, localizar la más completa información sobre un tema determinado, acceder a la Bolsa y manejar tus finanzas a través de la Red, crear tu propia página web... Si eres un entusiasta de la música te alegrará saber que podrás bajar de la Red temas musicales sin necesidad de comprar el disco y acceder de forma gratuita a distintos programas informáticos que adquiridos en el mercado darían al traste con tu paga de Navidad... ¿Estás preparado?

Primera parte

¿Cómo entrar en el mundo de Internet?

Capítulo I:
Internet

Que no te enteras, Contreras

Antes de entrar de lleno en el funcionamiento de la red de redes daremos respuesta a una serie de dudas habituales entre los poco iniciados en la materia.

¿Para "cuálo" sirve Internet?

Actualmente navegan por la Red aproximadamente 150.987.359 millones de usuarios en todo el mundo. Todos ellos saben las ventajas que ofrece Internet y que pueden resumirse en tres palabras: rapidez, economía y comodidad. Además de encontrar respuestas a cualquier pregunta que te plantees, enviar documentos o mensajes por todo el mundo en cuestión de segundos, comprar en otro continente, samplear* música, visitar galerías y

*Samplear: en español significa "samplear".

museos de otros países, leer libros, divertirte con juegos y enterarte el primero de lo que sucede en cualquier rincón del mundo..., la Red se ha convertido en un centro de reunión donde hacer nuevos amigos y en un auxiliar de trabajo, que, además, ha contribuido a hacernos la vida más cómoda. Nace otra opción distinta a la de pasar en el súper los sábados por la tarde con el niño subido en el carrito y dando vueltas por distintas secciones porque no encuentras la sal. De todas formas, hay todavía quienes no han encontrado ninguna utilidad a la Red, excepto la de hacerse con juegos de ordenador para pasarse horas y horas frente a él y terminar guiñando los ojos. Hoy por hoy, Internet se ha convertido en una de las principales vías de comunicación para el mundo de las finanzas, el comercio, la correspondencia, la publicidad... en algo tan indispensable como el teléfono y el fax. He aquí algunos datos interesantes:

—Actualmente el español es el cuarto idioma más utilizado en la Red, por detrás del inglés, del japonés y del alemán.

—Existen alrededor de 263 millones de direcciones de correo electrónico en el mundo y el año pasado, 1999, circularon por Internet 3,4 billones de mensajes, de los cuales el 70% fueron *spams* (correo comercial no solicitado). El 87% de los e-mails llegan en los cinco minutos siguientes al envío.

—Y por último, Yahoo! (**www.yahoo.com**), la web más visitada, recibe diariamente 385 millones de visitas.

Sí, vale, pero ¿qué es exactamente Internet?

Internet es una red compuesta por un gran número de sub-redes interconectadas entre sí formando una malla que hoy se extiende por más de ciento sesenta países. La palabra Internet es la fusión de International + Network.

En la actualidad puede considerarse Internet como una de las mayores fuentes de información existentes, de muy diversos tipos. Además, es una gran fuente de recursos y uno de los medios de comunicación más rápidos gracias a los servicios que ofrece: el correo electrónico, la transferencia de ficheros, la conexión remota y la más reciente World Wide Web, o simplemente Web... Lo mejor de todo es la posibilidad de conectarse a la Red —independientemente del sistema que se esté utilizando— si se posee el hardware de comunicaciones y el software adecuados.

La aparición de la World Wide Web contribuyó en gran medida a la popularidad de la Red, que hasta entonces había sido utilizada únicamente en organizaciones gubernamentales, de carácter científico y académico. Otros factores que también fueron decisivos para la divulgación de la gran "red de redes" han sido el aumento de la capacidad y velocidad de los PC*, y la bajada de los precios.

La gran decisión

Después de mucho pensar, la decisión está tomada... quieres pasar a formar parte del universo cibernético. Te conectas a Internet. Quizá tu situación personal no se parezca a la del protagonista de nuestra historia, pero si te pones en la piel de Paquito podrás ser un miembro más de la comunidad de internautas. Aquí empieza tu proceso de aprendizaje.

"Lo mejor será que me dejes tu dirección de correo electrónico y te envío toda la información que vaya

*Aunque con un Macintosh también puedes conectarte a Internet, todas las explicaciones que se refieren en este libro están centradas en los PC, ya que son los, en general, más utilizados.

recopilando a lo largo de la semana." En ese momento, Paquito se sintió como un auténtico cromañón. La frase del joven becario recién salido de la facultad le dejó *Kao.* Cómo explicar al chavalín que utilizaba aún su vieja máquina de escribir para redactar sus artículos y que ocasionalmente, sólo cuando no le quedaba otro remedio, tenía que enfrentarse al ordenador, su más temible enemigo. Manejar el teclado y pinchar sobre "Imprimir" eran las únicas funciones controladas hasta ahora.

—¿Mi correo electrónico dices? —replicó Paquito—. Pues no..., no me acuerdo ahora mismo —mintió descaradamente. Me lo pusieron hace poco y he sido incapaz de memorizar los números. No te preocupes, cuando llegues al hotel me llamas y te lo doy —concluyó, convencido de haber salido airoso del aprieto y pensando que quizá su hijo Ramón, muy puesto en eso de la informática, le solucionaría el tema.

Rafita abandonó la redacción del periódico un tanto perplejo. Por supuesto, la excusa dada por Paquito no coló. Tampoco él había tocado un ordenador durante los cinco años que pasó en la Facultad de Ciencias de la Información, pero su querido PC había sido la herramienta de trabajo más imprescindible desde el instituto. ¿Cómo pensaba Paquito que le iba a enviar la crónica diaria al pueblo? ¿Por conferencia telefónica...? A estas alturas no entendía cómo alguien —y ese alguien era su admirado Paquito— pudiese andar por la vida sin una dirección de correo. "Bueno, todo se andará", se dijo.

Lo primero que hizo al llegar a casa Paquito fue descolgar el teléfono y llamar a su hijo. Ramón escuchó atentamente a su progenitor y una vez terminado el discurso respondió: "Vale, papá. Te ayudaré a conseguir tu propia dirección de correo electrónico. ¿Cuándo quedamos?" El jarro de agua fría que recibió Paquito fue tremendo. Ramón no estaba dispuesto a hacer de intermediario entre su padre y el becario. La cosa se había complicado. "En fin, que así sea", se resignó. Quedaron a la tarde.

Coca Cola, patatas fritas y un block de notas. Ese era el comité de bienvenida que esperaba al adolescente en el hogar paterno. "Muy bien, papi. Lo primero que debes saber es si tu ordenador tiene capacidad suficiente para conectarse a la Red. Los requisitos mínimos indispensables son que sea un Pentium y tenga 16 megas de RAM*", aseveró Ramón muy convencido.

A partir de aquí el protagonista eres tú, lector.

*RAM: también ruido que hacen las motos al arrancar.

Capítulo II:
El cacharro

Algo muy importante a tener en cuenta para conectarte a la Red, es que no todos los ordenadores tienen una capacidad lo suficientemente óptima para ello. No te preocupes porque casi siempre hay una solución. Por ejemplo, si tu equipo es un PC 486 IBM o un Macintosh 68030 —con menos de 8MB de RAM— podrás conectarte a la Red, pero tu viejo software ralentizará enormemente el acceso a la información. Que no decaiga el ánimo. Lo único que necesitas es añadir más memoria RAM al ordenador. Si bajamos todavía más en la escala de computadoras, es posible conectarte, incluso, con Ataris, Amigas, PCTV, Psion Organizers, Palmtops y con un teléfono celular Nokia de la serie 9000, aunque en este último caso quedará bastante limitado el software, el sistema de almacenamiento y la pequeña pantalla. Importante: con Olivetti Lettera 35 no puedes.

GOMAESPUMA RECOMIENDA: si bien el equipamiento estándar de una nueva computadora basta para comenzar, no está de más añadir más memoria básica RAM, o instalar un disco duro de mayor capacidad. Si dispones de dinerillo extra, vale la pena que añadas más memoria RAM. Por ejemplo, incrementar de 64 MB RAM a 128 MB es muy útil, especialmente si vas a usar el nuevo sistema operativo Windows 2000 de Microsoft.

¿Puedo utilizar Internet si no sé manejar bien un ordenador?

Excepto que no sepas dar a una tecla, el manejo del ordenador es similar al de un teclado de una máquina de escribir. Las demás funciones, como copiar, cortar, transferir ficheros... se pueden ir aprendiendo sobre la marcha. Lo único realmente necesario para navegar por Internet es, como hemos dicho, tener buen pulso para hacer clic. Si no has tenido ningún contacto anterior con los ordenadores, Internet puede ser un buen comienzo.

Pero, ¿necesito aprender algún lenguaje especial para PC?

No, si lo único que quieres es navegar por la Red, consultar webs o chatear. No obstante, recuerda que existe una jerga específica a la hora de comunicarte con otros internautas... unos cuantos vocablos y normas de conducta que sería preferible conocer para no meter la pata o quedarse "fuera de juego" en determinadas situaciones. Quizá lo que sí viene bien es familiarizarse con el software del ordenador, algo que por cierto es bastante sencillo. Por lo demás, todo llega rodado. En la mayoría de los casos, la gente accede a la Red a través del menú básico, similar al acceso a los programas de Windows o Macintosh. La tarea más ardua es el acceso a la Web —el servicio más popular de la Red—. El ejercicio más recomendable es ejercitar bien el dedo índice para pulsar con decisión el ratón.

Capítulo III:
La conexión a la Red

¿Cómo conectar el ordenador a la Red?

Para saber cómo conectarnos a la Red primero hay que comprender cómo funciona. Internet es una macro-red de ordenadores interconectados entre sí, que se transfieren información entre unos y otros mediante un protocolo común y estándar que hace que ordenadores de distintas plataformas (PC, Mac, Unix, Linux...) puedan "entenderse".

La información viaja de unos ordenadores a otros a través de las líneas telefónicas de los distintos operadores (conmutadas, digitales, cable, e incluso, satélite), que la agrupan en pequeños paquetes que se envían por distintas vías para ganar rapidez.

Hay dos tipos de máquinas conectadas a esta gran Red:

—Proveedores de servicio de acceso.

—Proveedores de servicios de información.

Si quieres échale un ojito al siguiente dibujito:

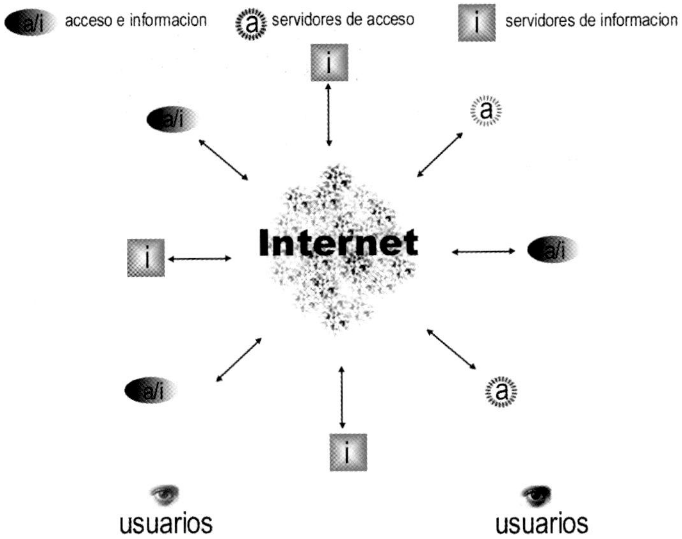

Los proveedores de acceso son aquellos que permiten que conectemos con Internet a través de sus máquinas y sus instalaciones, permitiéndonos salir a la Red mediante su canal permanente de conexión con ella. Es decir, son máquinas conectadas siempre a la red de redes, por un lado, y con entradas para otras máquinas (las nuestras), por el otro. Para poder conectarnos a Internet hemos de contratar con un proveedor de este tipo (más adelante adjuntamos una lista con algunos de los más importantes) que nos facilite el acceso a la Red a través de su máquina. Una vez en Internet accederemos a la información albergada en los distintos servidores o proveedores de información mediante una "petición" a los mismos, que estos "escuchan" y procesan, sirviéndonos la información solicitada.

Normalmente los proveedores de acceso lo son también de información, pero no al contrario. Un proveedor de acceso es el que nos facilitará, como veremos más adelante, una cuenta de acceso con nombre de usuario y clave, una cuenta de correo electrónico y otros servicios. Un proveedor de información nos servirá páginas web, ficheros de audio, vídeo y otros. La conexión a Internet se establece mediante una llamada al proveedor de acceso elegido desde nuestro PC a través de un módem o aparato similar, al cual accederemos tras introducir una clave. Una vez allí, ya estamos en Internet. La máquina del proveedor de acceso está permanentemente conectada a Internet, con lo que ya podremos abrir la aplicación que queremos (navegador, correo...) y solicitar los datos que queremos a cualquier proveedor de información.

Anda, echa el otro ojito a este otro dibujito:

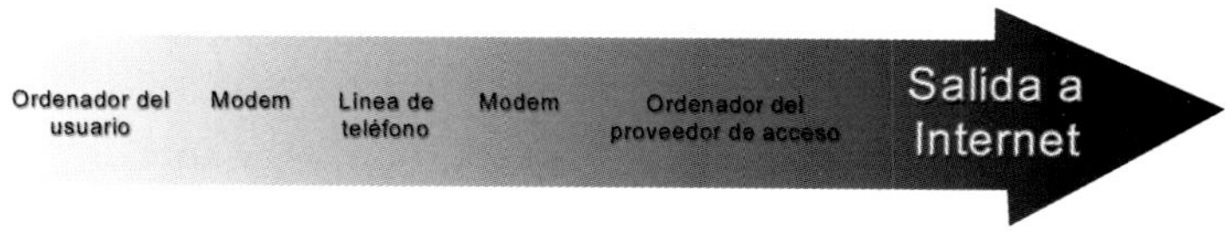

Toda la información (páginas web, correos, ficheros...) reside en las máquinas de los proveedores, y sólo cuando la solicitamos se descarga a nuestro ordenador.

Un aspecto importante en la conexión a Internet es el ancho de banda y la velocidad, ya que una conexión rápida te permitirá disfrutar mejor de los contenidos solicitados (sobre todo si son animaciones o vídeos que ocupan mucho) y además te ayudará a ahorrar en el coste de la llamada telefónica, ya que la información se descarga más deprisa a nuestro ordenador.

Para clasificar todos estos conceptos y saber qué necesitamos para conectarnos a Internet, vamos a ver el siguiente esquema y los pasos que hay que dar:

¡Ale, rico! Pon tus dos ojitos ahora sobre el dibujito:

1) Elegir el tipo de conexión a Internet: desde la línea telefónica básica a una conexión por satélite, cualquiera de las opciones existentes te vale. Cada una tendrá una velocidad y unas características particulares. Más adelante las detallaremos.

2) Elegir el módem o adaptador adecuado: es el aparato que te permitirá conectarte a través de la línea elegida al proveedor de servicio de acceso, y que te habilitará la salida a Internet. Se conecta a nuestro ordenador por un lado y a la línea telefónica elegida por otro.

3) Contratar con un proveedor de acceso a Internet (ISP) que te facilite dicho acceso a través de sus máquinas. El precio y la calidad del acceso dependerá del tipo de conexión escogida en el punto 1). Actualmente, y en el tipo básico de línea RTC* común, existen multitud de proveedores que proporcionan acceso gratuito, cuenta de correo y espacio para almacenar nuestra propia información (nuestras propias páginas).

*RTC: es una línea muy bonita.

El módem

El módem es un aparato que adapta la información que sale de tu ordenador y la transforma para poder ser enviada por las líneas telefónicas comunes, y viceversa. Es la forma más sencilla, popular y barata de conectarse a la Red. Existen varios tipos de módems: internos, externos y PCMCIA. Cada uno tiene sus pros y sus contras.

Los módems internos son la opción más económica. Su instalación tampoco entraña demasiada dificultad. Aún menos si echas mano del libro de instrucciones o compras el ordenador con el módem ya instalado. Otra ventaja es que, al ir insertado en el interior de la caja no ocupa sitio en tu escritorio y tampoco verás cables por el suelo. Las desventajas son las siguientes:

—La ausencia de pequeñas luces indicadoras que te avisan de cuándo se está realizando la llamada. Aunque esto no importa demasiado si tienes un mínimo de oído, ya que podrás escuchar perfectamente el ruido que suena en el momento en que el módem intenta la conexión.

—La dificultad para cambiarlo a otro ordenador.

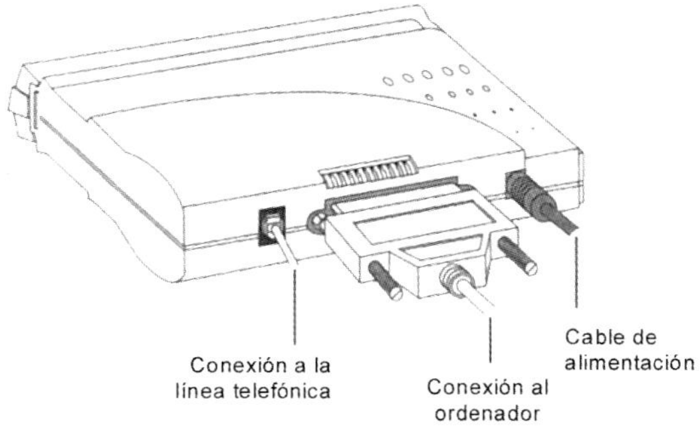

Los módems externos son los más sencillos de instalar, aunque esto depende de cada modelo. En la mayoría de los casos nos vamos a encontrar con tres cables:

—Un cable de red conectado a un alimentador. Hay que enchufar el alimentador a la red y, por el otro lado, al módem.

—Un cable de datos que puede ser de 9 ó 25 pines. Este cable hay que conectarlo al puerto de serie correspondiente en la parte trasera del ordenador. Sólo puedes confundirte con el puerto de la impresora. Hay que prestar atención, pero es fácil distinguirlos. El puerto de la impresora siempre es de 25 polos. Además, normalmente los ordenadores tienen dos puertos de 9 polos y uno de 25. Puedes conectar el módem a uno de los puertos de 9 polos*.

—Un cable de teléfono que hay que enchufar a la roseta de la pared, la misma a la que conectamos nuestro teléfono.

Las tarjetas PCMCIA son módems extraplanos y pequeños que se utilizan principalmente en los ordenadores portátiles. Son una mezcla de los dos anteriores, ya que no llegan a ser ni externos ni internos. No hay que abrir el ordenador para instalarlos, pero sí hay que introducir la tarjeta en una pequeña ranura que el portátil trae al efecto. Suelen ser algo más caros que los módems estándar y hoy en día muchos portátiles ya no lo necesitan pues llevan el módem incorporado de serie, utilizando la ranura libre para tarjetas PCMCIA de otro tipo (red local, adaptadores...).

*Polos: próximamente, además de los polos, habrá cortes de vainilla y tarta de güisqui.

GOMAESPUMA RECOMIENDA: un módem estándar de 56K es la alternativa aconsejable para quien quiera iniciarse en la navegación por Internet.

¿Y qué es el ancho de banda, listo?

El ancho de banda es el término utilizado para describir la capacidad de conexión a Internet. Hace referencia a la velocidad con la que se transfiere la información a través de nuestra conexión a la Red. Como la información es digital, y todo lo digital se expresa en bits (que es la cantidad más pequeña de información), la medida del ancho de banda viene expresada en "bits por segundo", es decir, la cantidad de bits que nuestra conexión es capaz de transmitir en un segundo.

Un ancho de banda grande permitirá mayores velocidades de transmisión, pero, al igual que en las autopistas, el tráfico también influirá, pues aunque haya muchos carriles, también habrá muchos coches (paquetes, usuarios...), y la información puede viajar muy lentamente. Los distintos tipos de líneas de conexión existentes poseen distintos anchos de bandas.

En principio sería preferible elegir un canal o tipo de conexión cuyo ancho de banda sea lo mayor posible. No obstante, estos cuestan más que el tipo más sencillo (y más lento, en principio) que es la línea telefónica conmutada básica (RTC)*.

*RTC: también conocido como Ramón Tordesillas Cornejo.

Velocidad ante todo, aunque correr es de cobardes

Como te hemos explicado anteriormente, una de las cuestiones principales en las conexiones a Internet es la velocidad de transferencia de los datos de la información. Un bit es la cantidad más pequeña de información digital que se puede transmitir. Su valor puede ser 0 ó 1. El conjunto de 8 bits se llama "byte" y con un byte se puede codificar un caracter (una letra, número o símbolo). Es decir, si quisiéramos transmitir la palabra "Internet" que tiene 8 caracteres, tendríamos que transmitir 8x8 = 64 bits.

Así la velocidad de transferencia de datos se expresa en bits por segundo (bps). El elemento más importante, aunque no el único, que influye en la velocidad de nuestra conexión es el módem que utilizamos. Un módem que opera a 2.400 bps (2,4 Kbps) puede transferir aproximadamente 300 caracteres por segundo o, lo que es lo mismo, una página en unos 8 segundos. A 28,8 Kbps podría enviarse esta misma página en 2/3 de segundo. Un módem más rápido puede costar quizá un poco más caro, pero merece la pena y amortizarás tu dinero ya que, por ejemplo, tendrás que estar menos tiempo conectado a la línea del teléfono. Así, el módem de 56K puede teóricamente alcanzar una velocidad de transmisión de 33 a 56 Kbps. Desafortunadamente el dinamismo de las líneas telefónicas nunca va a permitir trabajar a una velocidad máxima, pero sí es posible alcanzar una media de 33,6 Kbps.

En resumen, que las informaciones que son transmitidas y recibidas por el módem no llegarán más deprisa por el hecho de que tu ordenador sea más potente, y sí se acelerarán dependiendo de la velocidad del módem.

Pero en la realidad no sólo influye el módem o adaptador. Además hay varios aspectos que pueden mejorar o degradar la velocidad de nuestro módem o adaptador. El principal es el tipo de línea escogido y el estado de esta. El tráfico, la cantidad de usuarios simultáneos que se conectan, puede hacer que la velocidad teórica de nuestro módem descienda. También la capacidad de la máquina de nuestro proveedor para procesar las peticiones rápidamente puede afectar a la velocidad global, así como, y sobre todo, el ancho de banda o capacidad del canal de salida que nuestro proveedor tenga con Internet, que puede ser el auténtico cuello de botella de la conexión.

Otras formas más rápidas de conexión

Lo bueno de los módems es que son la forma más sencilla y habitual de conectarse a la Red ya que sólo requieren una línea telefónica. Sin embargo, son lentos e inestables en comparación a otros sistemas de conexión más modernos y eficaces. A continuación hablaremos de ello.

—RDSI (Red Digital de Servicios Integrados)
Es la mayor mejora lograda hasta el momento en la tecnología del módem, y no sólo por su velocidad, sino también por su fácil manejo y su conexión casi instantánea. Además, hoy por hoy, ya está al alcance de todo el mundo. Está formada por tres canales (1x16 Kbps y 2x64 Kbps), los cuales pueden ser utilizados y cargados desde diferentes vías. La conexión por RDSI es más cara que por RTC, debido, sobre todo, al monopolio por parte de Telefónica de la instalación de este tipo de servicio a los usuarios finales. Sin embargo, el coste de las llamadas es el mismo que con RTC, lo que varían son los costes fijos y de instalación. Este tipo de conexión permite enviar datos codificados digitalmente por medio del cable telefónico de cobre, lo que posibilita una mayor calidad de conexión y una mayor velocidad. Para ello son necesarios unos adaptadores de red o módems RDSI.

Puede alcanzar una velocidad de transmisión de 128 Kbps. Para contratar una línea RDSI es preciso dirigirse a Telefónica, la única operadora que instala este tipo de líneas en la actualidad. Si quieres conocer más detalles sobre el tema puedes consultar las siguientes direcciones de Internet:

http://www.microsoft.com/windows/getisdn/
http://www.terra.es
http://www.oiga,porfavor,¿paraquéesestodel RSDI?.com

—RTC (Red Telefónica Conmutada)
En cuanto a la línea telefónica... hay que tener en cuenta que en algunos países, la red de teléfonos soporta difícilmente velocidades de transmisión superiores a 14.400 bps. En este caso, la utilización de un módem de 14.400 bps es suficiente. Se puede utilizar la línea telefónica normal que todos tenemos en casa, pero hay que tener en cuenta que durante una conexión a Internet, la línea permanece ocupada. Y no debemos olvidar que una conexión a la Red puede durar varias horas. Por eso, si necesitas estar conectado a menudo a Internet lo más aconsejable es que instales una segunda línea de teléfono. Algunas compañías telefónicas ofrecen a las empresas y a los particulares que lo solicitan la posibilidad de tener líneas digitales de "alta velocidad". Es más cara que una línea telefónica normal, pero la velocidad de transmisión es del orden de 64.000 bps o de 128.000 bps.

—ADSL (Línea de Abonado Digital Asimétrica)
Este tipo de línea ha sido elegida en nuestro país para implantar la tarifa plana, es decir, la posibilidad de acceder ilimitadamente a Internet mediante el pago de una tarifa de coste fijo establecido. Este tipo de conexión ofrece un

abanico de gamas de frecuencia mucho más elevadas que las convencionales, lo cual posibilita un importante incremento de la velocidad. Se requiere la instalación de un "discriminador" o *splitter,* cuya función es diferenciar las llamadas de voz y de datos. La velocidad máxima que puede alcanzar son los 6 Mbps. Además, se puede compatibilizar su uso con la línea telefónica, lo que significa que puedes navegar por la Red y tener abierta la comunicación por teléfono. A diferencia del cable tampoco tienes que compartir la línea, por lo que la velocidad de transmisión es independiente del grado de saturación del momento. Tanto el cable como la ADSL están permanentemente conectados a la Red aunque requieren un módem especial que conecte a tu ordenador con la línea. La velocidad de transmisión dependerá de la capacidad de la tarjeta que adquieras, por lo que será necesaria la instalación de una tarjeta Ethernet de conexión a la Red.

—La fibra óptica/cable

A pesar de la seguridad y la garantía de rapidez que ofrecen la RDSI o la ADSL, hay otras alternativas. Una de ellas es el "cable" o "fibra óptica" que ofrece una velocidad (10 Mbps) todavía mayor que la RDSI sin cargas telefónicas, pero con el inconveniente de que tienes que compartir la banda ancha con tus vecinos —y eso que en todas las comunidades siempre hay un amargado que se opone a todo— . En muchas zonas de Estados Unidos, Holanda y Australia se puede acceder a través de la televisión por cable, y es posible que pronto se generalice su uso en el resto de Europa y Asia. Por lo tanto, si tienes acceso a la televisión por cable en tu zona, puedes preguntar si es factible la conexión.

En España ya existen empresas y particulares que disponen de conexión a Internet mediante fibra óptica. Estos usuarios tienen la posibilidad de recibir otros servicios, como televisión de pago, vídeo, tele-medicina... Mediante es-te tipo de conexiones se alcanzan velocidades muy superiores a las que proporcionan las actuales. Su mayor inconveniente es que sólo se pueden encontrar en determinadas zonas de las grandes ciudades.

Para más información consulta las siguientes direcciones:

http://www.cablemodems.com/
http://www.catv.org/modem/
http://www.inside-cable.co.uk
http://www.home.com
http://www.adsl.com
http://www.xdsl.com
http://www.terra.es/adsl/
http://ono.es
http://www.madritel.es
http://www.menta.net
http://www.retecal.es
http://www.oigaquesoyeldeantesyno contestan.com

—Satélite

Si lo que necesitas es un acceso ultra rápido la mejor opción es una conexión vía satélite. Recibes la información a través de un pequeño descodificador o adaptador de televisión, y la envías mediante una línea de arrendamiento normal que contratas con tu proveedor. La velocidad de acceso a la Red es de 6 Mbps, pero puedes enviar e-mails o transferir material a la misma velocidad que con un módem normal. Para más información consulta estas direcciones:

http://www.directpc.com
http://www.satnet.com.au
http://www.teledesic.com

Utilización de varios módems

También es posible la utilización de varios módems conectados a un tiempo a diferentes líneas telefónicas paralelas. En teoría, esto te daría una banda ancha igual a la suma de la combinación de módems usados y además podría resultar un poco más económico que una conexión a través de la RDSI.

Completa estos datos en:

http://www.microsoft.com/windows95/downloads/
http://www.microsoft.com/ie/

Configuración del módem

Bien, una vez que te has hecho con el módem y lo has instalado, debes configurarlo. A menos que el módem que hayas comprado disponga de un puerto moderno USB*, Windows no se enterará de que acabas de conectar el módem al ordenador. Esto se resuelve de la siguiente forma:

1) Lleva el cursor del ratón a la parte inferior de la pantalla. Haz clic sobre el botón de "Inicio". Después sobre el de "Configuración". A continuación haz clic sobre la entrada "Panel de control".

2) En la ventana siguiente debes hacer clic sobre el icono "Teléfono-módems".

3) A continuación aparecerá un cuadro de diálogo con una lista de modelos de módems reconocidos por Win-

*USB: son las siglas de Puerto Moderno.

dows. Cuando encuentres tu modelo en esta lista quiere decir que el ordenador lo ha reconocido. En este caso haz clic sobre "Cancelar" y sigue con el punto siguiente.

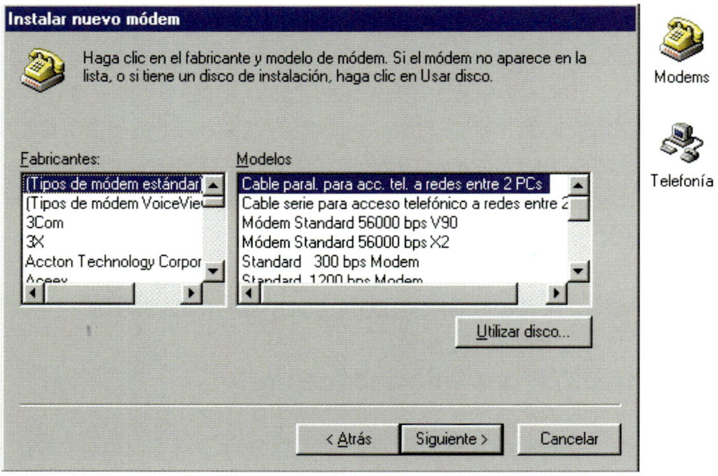

¡¡¡Atención!!! En el caso de que no aparezca o que la lista esté totalmente vacía, tendrás que añadir tu módem clickeando sobre el botón "Agregar".

4) En la ventana siguiente debes hacer clic sobre Windows. De esta forma comprobarás si se ha conectado un nuevo dispositivo al ordenador. A su vez el ordenador estará reconociendo qué tipo de módem es.

5) Transcurrido un tiempo aparecerá el resultado de la búsqueda. Para seguir con la instalación haz clic sobre "Siguiente".

6) En la ventana que se abre, deberás hacer clic sobre "Finalizar". Seguidamente verás la lista anterior ampliada con tu modelo.

7) Si el módem está conectado a una centralita, es decir, si hay que marcar un cero antes del número de teléfono, necesitarás realizar un cambio adicional. En caso contrario, sigue con el paso 9). Si no, tienes que modificar la siguiente configuración. Haz clic sobre "Propiedades".

8) Haz clic sobre la pestaña "Conexión". Elimina la marca que precede a la entrada con un simple clic de ratón en "Esperar el tono marcado antes de marcar".

9) Pero todavía tienes que indicar a Windows la cifra que hay que marcar. Para ello haz clic sobre "Propiedades de marcado". En la casilla "Prefijo" introduce por separado la cifra correspondiente (en la mayoría de los casos, 0 ó 9) para las llamadas locales y para las llamadas interprovinciales. A continuación haz clic sobre "Aceptar".

10) Cierra la ventana actual con un clic sobre "Aceptar".

Capítulo IV:
Proveedores de acceso

De acuerdo, ya tengo configurado el módem, y ¿ahora qué?

Cuando te conectas a Internet desde tu ordenador personal lo más normal es que no esté integrado a la Red, puesto que para ello necesitarías un mega ordenador, líneas especiales y un equipo electrónico adecuado. Por ello es necesario solicitar los servicios de un "proveedor" que te permita usar su equipo de acceso a Internet. Es decir, lo que haces realmente es conectarte a una sub-red que sí dispone de acceso a Internet. En contrapartida, debes desembolsar una cantidad de dinero a ese proveedor... en concepto de alquiler del equipo. A la hora de elegir proveedor hay que tener en cuenta:

—En primer lugar, el tipo de servicios que ofrece, ya que algunos proveedores no proporcionan acceso completo a todos los servicios que ofrece Internet.

—Si dispone de suficientes puertos, en relación con el número de clientes, para que no se obtenga la señal de ocupado.

—El tipo de tarifas que posee y la forma de pago (por horas, mensual, anual...).

—El ancho de banda del canal de transmisión para asegurarnos una velocidad adecuada.

Te lo explicaremos de una manera más detallada:

—Los proveedores de acceso conforman junto con el módem y el software específico, el trío básico de requisitos para acceder a Internet. Una plataforma de acceso es un sistema de conexión mediante el cual se puede acceder a Internet a través de una línea telefónica pagando una tarifa local, aunque cliente y empresa proveedora se encuentren en localidades diferentes. Estas plataformas disponen de nodos en las ciudades más importantes, y allá donde no existen puntos de acceso, se han habilitado teléfonos especiales que proporcionan el acceso al precio de una llamada metropolitana.

—Todos los servicios (los servicios, como siempre, al fondo a la derecha). Una de las cosas de las que debes asegurarte es que tu proveedor de acceso te ofrezca todos los servicios de Internet: correo electrónico, acceso a las páginas web, transferencia de ficheros y de programas, grupos de discusión...

—Clases de abonos. Es interesante que el proveedor posea todo tipo de tarifas y abonos que se adapten de la forma más adecuada a tu situación personal. Hay quien prefiere abonos por horas, quien elige abonos por meses y quien se decanta por los anuales.

—Líneas telefónicas. Otro punto importante es que el proveedor posea muchas líneas de teléfono. En caso contrario te arriesgas a no conseguir la conexión telefónica de forma inmediata porque las líneas están ocupadas.

—También hay que tener en cuenta el ancho de banda (número de informaciones que pasan por segundo) del proveedor seleccionado. Es imposible que pase más información de la que cabe por las tuberías. Te arriesgas a que los embotellamientos frenen tu acceso a la información. Lo mejor es comparar el ancho de banda de cada proveedor en función del número de abonados que tenga.

—Puesta a disposición y configuración del programa de navegación. El proveedor de acceso debe ofrecer un buen servicio al cliente y ayudarte cada vez que lo necesites. Un ejemplo de esto es la configuración del ordenador y del programa de navegación durante el primer acceso a la Red, una operación que quizá pueda resultarte complicada. Hay proveedores que ofrecen un navegador adaptado a su producto como EresMás que pone a disposición del usuario una barra de navegación.

De todas formas, para ahorrarte el esfuerzo de ponerte a investigar los distintos accesos a la Red que existen en España, en la página siguiente tienes una tabla donde puedes comprobar las prestaciones que ofrece cada uno de ellos. Espero que te sea de gran ayuda. Y si no, como ya has hecho gasto y nosotros caja, nos da igual.

TABLA COMPARATIVA DE PROVEEDORES DE ACCESO A INTERNET

Proveedor	Horario	Velocidad de navegación	Velocidad de descarga
Jazzfree*	B	A	A
Arrakis	R	B	R
Inter Planet	B	A	A
Mundivia	B	S	R
Pobladores*	B	B	R
Jazznet	B	R	R
Canal 21	B	A	A
EresMás	B	A	B
World Online	A	S	S
Airtel*	A	A	R
Ibercom	R	R	A
CTV/Jet	R	S	B
Terra*	B	A	A
Bitmailer	S	A	A
Idecnet	R	R	A
Offcampus*	S	B	M
Uni2*	S	S	A
Cim	S	S	R
Sinix	S	R	R
Ready Soft	M	R	M
Encomix	S	S	R
Offcampus	S	S	M
Maptel	S	M	S
GRN	S	S	S
Recycle Internet	M	M	M
Inicia*	A	B	B

B: Bien / A: Aprobado / R: Regular / S: Suficiente / M: Mal

*** Gratuito**

Más consejitos para no meter la pata a la hora de elegir un proveedor, que os tenemos que decir todo

La contratación de un proveedor de acceso es uno de los gastos más significativos de la conexión a Internet, aunque cada vez son más las empresas que ofrecen acceso gratuito con la finalidad de captar nuevos clientes. Sin coste alguno se puede conseguir acceso a Internet, un número ilimitado de cuentas de correo electrónico —tanto POP3 como WebMail— , un espacio considerable para alojar páginas web personales e, incluso, atención telefónica las 24 horas del día los 365 días del año. Sólo hay un pequeño matiz diferenciador: las cuentas de correo gratuitas suelen tener una limitación de espacio para el buzón, cosa por otro lado lógica, ya que se está regalando dicho almacenaje y hay que poner un tope para no saturar el servidor. Esta capacidad ronda los 10 MB, una cantidad más que razonable para el correo normal que utiliza un particular e, incluso, muchos profesionales. Los Proveedores de Servicios de Internet (ISP) de pago ofrecen algunos valores añadidos como la suscripción gratuita a una revista impresa de periodicidad mensual, la capacidad ilimitada de los buzones de correo y un acceso a gran velocidad a su servidor que en la mayoría de los casos es perfectamente equiparable al de los ISP gratuitos. De todas formas, para disponer de un servicio de calidad es aconsejable contratar un proveedor de pago. Si esa ha sido tu elección aquí tienes algunos consejos:

—Es preferible que empieces contratando el servicio de este proveedor por un corto período de tiempo, por si las moscas. De esta manera, si no se cumplen las expectativas, es posible cambiar de proveedor sin realizar un gran desembolso. Cada proveedor dispone de un tiempo mínimo de contratación, si bien el período más habitual es de tres meses. Algunos ofrecen un acceso gratuito de prueba.

—Atención al cliente. Es importante asegurarse de que el horario de atención al cliente sea lo más extenso posible. Además, se debe comprobar, en la medida de lo posible, la calidad del servicio y la facilidad de comunicación. La disposición de números telefónicos de acceso gratuito o de pago compartido (900 ó 902) es otro dato importante a tener en cuenta.

—Necesidades de acceso. Si sólo se desea conocer lo que puede ofrecer Internet, es suficiente con asociarse a un proveedor gratuito. Sin embargo, si se desea un acceso más profesional, es mejor contratar un proveedor especializado en empresas y profesionales, cuyo precio no suele superar las 50.000 pesetas al año.

—Localización. Si el usuario se decide por un proveedor de pago, es preferible que elija uno con un nodo de acceso en su misma localidad; de esta manera, se podrá conectar directamente con él al precio de una llamada local. Este tipo de conexión suele ser, por otra parte, más rápido y fiable.

—Dos mejor que uno. En caso de elegir proveedores gratuitos, es recomendable asociarse a más de uno, que utilicen preferiblemente distintas plataformas de acceso. De esta forma, podremos comprobar su funcionamiento y elegir en cada ocasión el que nos proporcione mejor rendimiento.

—Software de acceso. Los usuarios que acceden por primera vez a la Red deben valorar que el proveedor, ya sea gratuito o de pago, proporcione un *kit* de configuración que facilite el uso de los principales servicios de Internet. Este *kit* contiene los programas y los módulos *(plug-in)* necesarios para llevar a cabo la conexión.

—Respetar las horas de sueño del proveedor. Abstenerse de gastarle bromitas telefónicas de madrugada.

El principal argumento que esgrimen los ISP de pago frente a sus competidores sin tarifas es la calidad general de su servicio. Los ISP de pago son la solución perfecta para las empresas. Si hay miles de usuarios particulares pagando los servicios de un ISP, posiblemente sea porque desconocen las posibilidades reales de los gratuitos o porque simplemente no se toman la molestia de ponerlos a prueba de forma paralela a su servicio habitual.

En lo que a las cuentas de correo electrónico se refiere también hay cientos de sitios web que, sin coste alguno, ofrecen cuentas Web y POP3 aunque siempre se corre el riesgo de recibir publicidad no deseada. Nuestro consejo es que pruebes primero con un ISP gratuito, o con varios si deseas comparar velocidades y servicios. Después, si no te convence y prefieres uno de pago, ya sabes que tienes un amplio abanico donde elegir.

Si tu actividad profesional te obliga a viajar muy a menudo, por ejemplo, si eres ladrón y huyes de la justicia, uno de nuestros consejos es que consultes a tu proveedor de acceso el nodo de la ciudad a la que vayas, ya que de esta forma te evitarás algún que otro susto cuando recibas la factura del teléfono.

¿Y cómo debo instalar el software de acceso?

La herramienta que permite a Windows conectarse con Internet se llama "Acceso telefónico a redes". Es un programa que permite establecer la conexión a la red de datos. En algunos casos no se encuentra instalada en el disco duro del ordenador. Estos son los pasos que debes seguir para comprobarlo. No te preocupes, majete, que te lo vamos a enseñar con este gráfico.

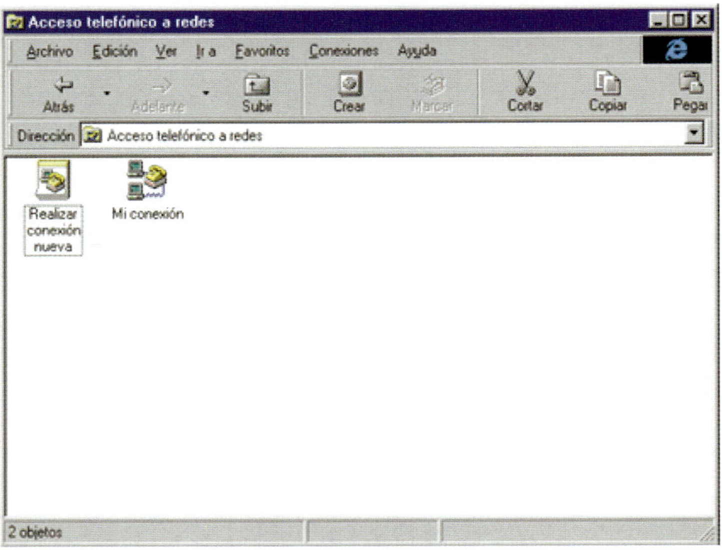

1) Haz clic sobre "Inicio" y selecciona la entrada del menú "Programas". Abre la entrada "Accesorios". Aquí o en la carpeta siguiente, "Comunicaciones", tiene que aparecer "Acceso telefónico a redes". Si es el caso, puedes continuar con el apartado siguiente. En caso contrario tendrás que instalar primero el acceso telefónico a redes.

2) Haz primero clic sobre "Inicio", y después sobre "Configuración" y "Panel de control" para abrir la ventana de "Panel de control".

3) Haz clic sobre el icono "Agregar o quitar pro...".

4) En la ventana siguiente selecciona "Instalación de Windows". Pincha con el ratón la entrada "Comunicaciones".

5) A continuación haz clic sobre el botón "Detalles". Selecciona la casilla vacía que precede a la opción "Acceso telefónico a redes 1,3 MB".

6) Confirma la selección con un clic de ratón sobre "Aceptar". Windows te pedirá que insertes el CD de Windows en la unidad lectora. Una vez introducido, copiará todos los ficheros en el disco duro del ordenador.

Cuando todos los ficheros estén copiados tendrás que reiniciar el equipo. Para ello haz clic sobre "Aceptar".

¿Cómo obtengo una cuenta en Internet?

Una vez elegido el proveedor de entre los muchos que hay en el mercado, debes solicitar los siguientes datos:

—Nombre del usuario. Probablemente se corresponda con tu propio nombre o con un sobrenombre que tú mismo indiques al proveedor.

—Contraseña. Si has hecho la mili ya sabes lo que es eso, si no, sigue leyendo. La contraseña está formada por una combinación de letras y/o números que será fijada por ti de acuerdo con el proveedor.

—Número del teléfono de acceso. Si tu proveedor está conectado a través de Info Vía Plus el número de acceso será 901 50 50 55. En caso contrario deberás llamar a tu proveedor de acceso.

—Dirección del servidor de nombres por dominio. La dirección del servidor de nombres por dominio debe ser una dirección IP.

—Procedimiento de identificación. Si la conexión necesita o no una ventana de terminal.

¿Cuánto cuesta, cuánto vale el servicio de un proveedor? Regalamos peine

La contratación de un proveedor, como te hemos contado, es uno de los gastos más significativos de la conexión a Internet, aunque cada vez son más las empresas que ofrecen acceso gratuito con la finalidad de captar nuevos clientes, cuantos más mejor. De todas formas, lo bueno cuesta, y lo mejor si vas a utilizar asiduamente la Red, es que elijas uno de pago. Los precios suelen rondar entre las 10.000 pesetas —los más económicos— y las 40.000 pesetas anuales —los que ya se suben a la parra—. De todas formas, varios operadores telefónicos ofrecen planes de descuento y bonos horarios para sus clientes. Por ejemplo, Telefónica, ofrece el plan de descuento Primanet (afecta a las llamadas superiores a diez minutos que se realicen a tres números elegidos por el usuario). También Telefónica, junto a Uni2 y Retevisión, ofrece bonos de precio fijo que se contratan con anterioridad y por un cierto número de horas mensuales. Y de nuevo hablamos de Telefónica, porque es la única que hasta el momento proporciona la conexión ADSL mediante el pago de una cantidad fija independiente del consumo: "la tarifa plana". Las líneas RDSI tienen un coste fijo mensual superior al de las líneas analógicas. Diversos operadores ofrecen conexión ilimitada mediante tarifa plana, pero a un precio más elevado que el de la conexión ADSL. Por último, tenemos las compañías de cable de "fibra óptica", que sólo operan en las grandes ciudades y cuyos precios de conexión son variables, en algunos casos inferiores incluso a los costes de la conexión ADSL.

Si te has decantado por un proveedor de acceso gratuito sólo deberás pagar el consumo telefónico. La conexión a Internet se factura siempre como llamada local. En nuestro país, las llamadas locales tienen un coste fijo por establecimiento de llamada y una facturación por tiempo de conexión. Esta última tarifa se reduce los días laborables de 18:00 a 08:00 horas y los sábados, domingos y festivos durante las 24 horas del día (no cerramos por comunión, ni boda, ni nada de nada).

Aquí tienes el listado de los principales operadores en nuestro país:

—Airtelnet. Propiedad de Airtel, por lo que está destinada únicamente a sus clientes de telefonía móvil. Dispone de un único nodo a nivel nacional, al que se accede por medio del número 901 70 00 00. Si quieres más información consulta en **http://www.airtel.net**.

—Info Vía Plus. Propiedad de Telefónica. Dispone de 143 nodos de acceso local y del teléfono 901 50 50 55 para los lugares donde no existe nodo. Si quieres consultar la lista de nodos hazlo en la dirección **http://www.ttd.net/nuevosip/numeros.htm**.

—InterPista. Propiedad de la empresa BT Telecomunicaciones. Dispone de nodos en las principales capitales. El número de acceso es 901 51 15 12. La lista de nodos puedes consultarla en **http://www.bt.es/prodyser/ip/nueva_num.htm**.

—Jazztel. Ofrece acceso gratuito a través de Jazzfree, pero también tiene distintas modalidades de pago dirigidas principalmente a empresas. Para ampliar información, llama al 900 80 58 06, o consulta la dirección **http://www.jazztel.com**.

—Retenet. Es la red de acceso de Retevisión. Sus servicios están dirigidos a los clientes de Iddeo y EresMás. Dispone de 56 nodos y del teléfono de acceso 901 61 21 11. Más información en **http://www.iddeo.es/retenet**.

—Uni2. Ofrece acceso gratuito a través de un nodo único, al que se accede por medio del número 900 90 20 30. Más información en el 900 90 20 00 o en la dirección **http://www.uni2.es**.

Cápitulo V: Configurar la conexión

Una vez que hayas elegido un proveedor hay que configurar el acceso utilizando el *kit* de configuración que te haya suministrado tu proveedor o, si no tienes el *kit* o no lo quieres usar, puedes configurarlo de la siguiente forma:

1) Haz clic sobre el icono "Inicio", "Programas" y luego "Accesorios". En otros casos tendrás que hacer clic en "Comunicaciones" para acceder finalmente a "Acceso telefónico a redes".

2) Pulsa doble clic sobre el icono "Realizar conexión nueva".

3) Ahora tienes que darle un nombre a la conexión y seleccionar el módem que vas a utilizar para conectarte. Clickea sobre "Siguiente".

4) A continuación debes teclear el número de teléfono de acceso al proveedor. Pulsa de nuevo "Siguiente" y "Finalizar".

5) Verás que en tu escritorio aparece la conexión que acabas de configurar con el nombre elegido anteriormente.

6) Todavía quedan unas cuantas modificaciones. Primero pulsa el botón derecho del ratón sobre el icono de la conexión y selecciona "Propiedades".

7) Haz clic sobre el "Tipo de servidor" y elimina la crucecita que precede a "Conectarse a la red", a "Compatible con IPX/SPX" y a "NetBEUI". Finalmente haz clic sobre "Aceptar". Quizás tengas que cambiar la configuración del protocolo haciendo clic en "Configuración TCP/IP". Para ello debes consultar con tu proveedor.

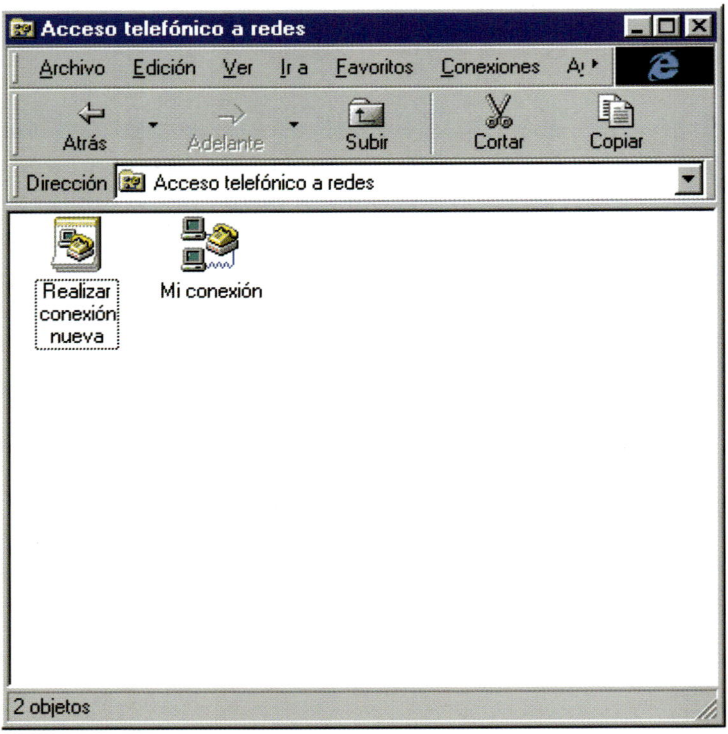

GOMAESPUMA ACONSEJA: para que te resulte aún más fácil y rápido crea un acceso directo en el escritorio. Es muy fácil. Pincha con el botón derecho en la conexión que hemos creado.

TRUCO: si ves que tu ordenador tarda en conseguir la conexión a Internet, lo que tienes que hacer es ir a "Inicio/Configuración/Panel de Control/Opciones de Internet" (también se llega haciendo clic con el botón derecho del ratón sobre el icono "Internet Explorer" del escritorio). Una vez en esa ventana, pincha en "Propiedades" y escoge la pestaña "Conexiones" sobre el marco "Configuración de acceso telefónico". A continuación pulsa sobre "Configuración". Se abrirá otra ventana. Aquí debes pinchar sobre "Propiedades" y por fin llegarás a un cuadro donde figura "Tipo de servidor". Deberás desactivar las opciones "Conectarse a la red", "Compatible con IPX/SPX" y "NetBEUI". Con esto ganarás entre 5 y 10 segundos cada vez que comiences a navegar.

Capítulo VI:
Tu primera conexión: ¡Mamaaa, yaaa!

A partir de ahora podrás conectarte a Internet. Estos son los pasos a seguir:

1) Haz doble clic sobre la conexión recién creada (icono de conexión).

2) Introduce el nombre del usuario y la contraseña que te ha proporcionado el proveedor.

3) Clickea sobre "Conectar" para establecer la conexión con Internet.

4) Verás cómo la ventana de conexión desaparecerá de la pantalla con un clic sobre "Aceptar". Atento porque en la esquina derecha de la parte inferior de la pantalla aparecerá un pequeño icono que al iluminarse nos indica que se están transmitiendo o recibiendo datos. Si quieres ampliar el icono haz doble clic sobre él.

5) Para desconectarte de Internet basta con hacer clic con el botón derecho del ratón sobre la acción del menú "Desconectar" o pegarle una fuerte patada al disco duro.

6) Por último, más adelante, para configurar las opciones de Internet, accede al Panel de Control y haz doble clic en "Opciones de Internet".

TRUCO: después de realizar el paso 2), marca la opción "Recordar contraseña". De esta forma, no tendrás que volver a ponerla.

Capítulo VII:
El navegador

The Web browser
(el navegador, para entendernos)

El *browser* o navegador permite consultar la información de la World Wide Web. Las últimas versiones de los navegadores también permiten gestionar el correo electrónico, acceder a los grupos de noticias y crear páginas web. Los navegadores de uso más extendido son: Communicator de Netscape, y Explorer de Microsoft, que actualmente controla el 80% del mercado. Ambos se pueden obtener en la Red de forma gratuita en sus respectivos sitios web:

http://www.netscape.com
http://www.microsoft.com

También se puede navegar con Transmediterránea, pero no es lo mismo.

Se trata de programas que canalizan la petición de documentación del cliente hacia el servidor, y que interpretan adecuadamente la respuesta. El número de estos programas crece continuamente y están disponibles para un gran número de plataformas. Los más sencillos se pueden emplear desde terminales sin prestaciones gráficas, aunque los documentos mantienen su carácter de hipertexto. Generalmente, tu proveedor te lo proporcionará gratuitamente. También puedes conseguirlo en muchas de las revistas especializadas o bajarlo gratis directamente a través de Internet. Los dos programas más extendidos, como te hemos comentado anteriormente, son Communicator de Netscape (antes Navigator) y Explorer de Microsoft, aunque existen otros como Mosaïc, Lynx, HotJava, Interworks, Macweb, WebExplorer, Cello, Opera, Arena, WinWeb, Chimera, MidasWWW, GWHIS, ViolaWWW o TkWWW...

Aquí tienes algunas direcciones donde poder cotejar información relacionada con los distintos navegadores:

http://www.browsers.com
http://browserwatch.com

Además te adjuntamos la siguiente tabla, para que luego digas que no te lo damos completito:

Empresa	Navegador	Últimas versiones	%Uso
Netscape	Communicator	4.5-4.7-6.0*	20%
Microsoft	Explorer	4.0-5.0-5.5+	80%

*** De reciente aparición**

+ Próximo en salir

Cuando se realizan cambios y ampliaciones en un navegador sale al mercado lo que se denomina "una nueva versión del programa" que viene indicada con un número. Por ejemplo, la nueva versión del Netscape va acompañada de los dígitos 6.0.

El aspecto de un documento depende en buena parte del *browser* elegido. Así podremos visualizar nuestro documento, bien a través de un navegador de última generación cargado de utilidades específicas, bien por medio de un programa de navegación "Sólo texto" que no sea capaz de visualizar gráficos.

—Netscape es una aplicación de gran calidad por lo que es uno de los *browsers* más usados. Con una política de difusión gratuita ha conseguido una popularidad que le sitúa en una posición dominante en esta creciente industria. Netscape Communications ha lanzado una nueva versión más actualizada de su navegador para ganar el terreno perdido a causa del monopolio impuesto por Microsoft en este sector. Este nuevo navegador, denominado Netscape 6.0 utiliza el lenguaje XML, una nueva tecnología para los creadores de *interfaces* que utilizan lenguajes de programación web más que lenguajes de código de máquina.

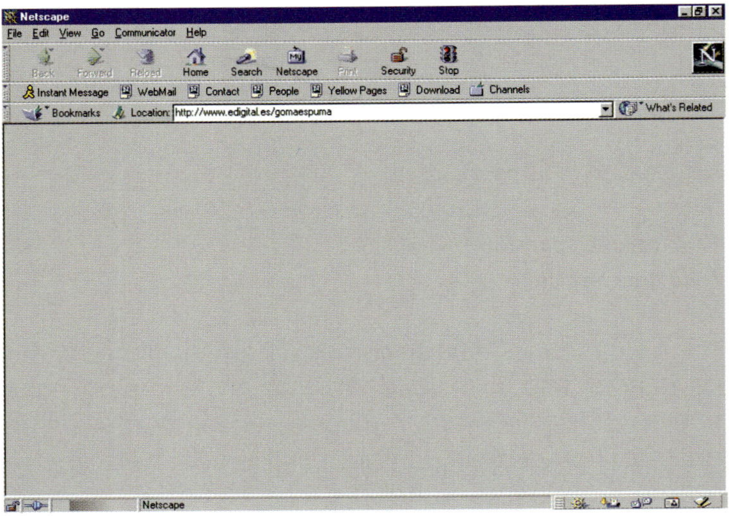

—Microsoft Internet Explorer. Se trata de un software con muchas funcionalidades de presentación y cambios en el lenguaje para sacar partido de ellas. Asume buena parte de las extensiones de HTML de Netscape, pero añade también algunas nuevas.

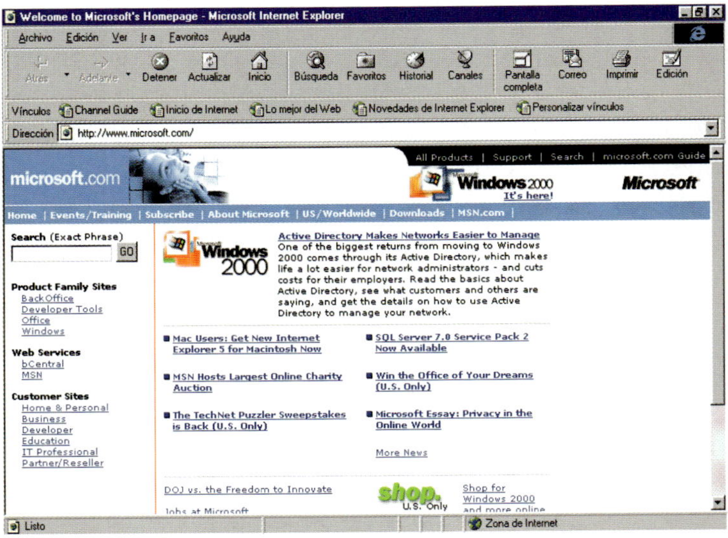

—Lynx es un programa que sólo trabaja con texto. No necesita ratón, menús, ni ninguna otra entidad. Los enlaces se numeran y el formato admite pocas variaciones.

—Mosaïc se utiliza habitualmente en muchas instalaciones UNIX, lo que hace que sea muy popular en las universidades. La versión 1.2 desconoce muchos elementos de la versión 3.0 de HTML, lo que limita bastante sus prestaciones. La versión 2.0 da un paso adelante en mejoras respecto de las versiones anteriores. Reconoce más directivas de HTML 3.0 e incorpora mecanismos para la carga del documento muy avanzados que minimizan los inconvenientes de disponer de una conexión lenta.

—Sun ha desarrollado el lenguaje de programación Java con la intención de que sea el lenguaje estándar de Internet. Para poder visualizar las aplicaciones desarrolladas en este lenguaje construyó el *browser* HotJava. Actualmente los nuevos navegadores incorporan la posibilidad de ejecutar aplicaciones Java de Sun.

—Opera. Aunque haya muchas personas que lo desconozcan existe una alternativa a Netscape Communicator y a Internet Explorer. Hace unos meses apareció una nueva versión del Opera (la 4.0 beta 1) para plataforma Windows. El Opera 4.0 es más rápido, incluye un cliente de correo electrónico y soporta una encriptación de 128 bits, soporte de *Secure Sockets Layers 2* y *3* y *Cascade Style Sheets*. Esta nueva versión puede probarse durante 30 días, tras los cuales es obligatorio pagar por el software. Diseñado para ser independiente de cualquier sistema operativo, Opera 4.0 soporta el HTML 4.0 y el http 1.0 entre otros muchos estándares. Si quieres más información puedes consultar en **http://www.opera.com/**.

¿Qué es un plug-in?

Internet ha transformado el mundo de la informática introduciendo nuevos conceptos, metodologías y herramientas. Uno de los elementos nuevos e innovadores son los *plug-in,* directamente relacionados con los navegadores y las páginas web.

Son programas que permiten visualizar e interpretar ficheros de texto, de vídeo o de sonido, de distinto formato. Con ellos se pueden visualizar tanto animaciones o gráficos, como introducirse en mundos tridimensionales, e incluso sintonizar programas de radio emitidos por Internet.

La característica principal de estos programas es que, una vez instalados, son transparentes para el usuario que los utiliza y están totalmente integrados en el navegador. Estas aplicaciones están desarrolladas por diversas empresas y su instalación es rápida y sencilla. Para instalarlos sólo será necesario importar el fichero comprimido, que generalmente puede conseguirse de forma gratuita en la Red, y ejecutar su rutina de instalación en nuestro ordenador para ver correctamente algunas web.

Los *plug-in* pueden manifestarse de diferentes formas dentro de una página web:

—Ocultos: son totalmente transparentes e incontrolables por parte del usuario, y se ejecutan en un segundo plano.

—Incluidos en la página web: constituyen un elemento más de la página web, y para activarlos es preciso posicionarse sobre ellos y hacer clic con el ratón.

A continuación te detallaremos los *plug-in* instalados, por defecto, con la versión 3.01 Gold de Netscape, navegador que llegó a ser muy popular en su momento:

—Live3D. Permite visualizar y navegar por los mundos virtuales en las tres dimensiones que existen en la

WWW y que están escritos en lenguaje VRML. La extensión de estos ficheros es *.wrl.*

—QuickTime. Permite visualizar animaciones de vídeo. La extensión de estos ficheros es *.mov.* Muy utilizado en Macintosh.

—LiveAudio. Permite la reproducción de una gran variedad de ficheros de sonido. La extensión de estos ficheros es *.au, .aif, .wav, .mid.*

—NPAVI32. Permite reproducir ficheros con secuencias de vídeo. La extensión de estos ficheros es *avi*.

Además de los *plug-in* proporcionados por Netscape, existen otros muchos:

—Acrobat Amber. Desarrollado por la empresa Adobe. Visualiza revistas electrónicas en formato PDF, con un elevado número de gráficos de alta calidad e hiperenlaces. Al acceder a un documento de este tipo, en la ventana del navegador se visualizarán una serie de controles que permitirán desplazarse por el documento.

—Fórmula One/Net. Desarrollado por la empresa Visual Components, puede acceder a hojas de cálculo gráficas con un sinfín de utilidades financieras, por ejemplo, el cálculo de la cuota mensual de un crédito.

—Asap Webshow. Desarrollado por la empresa Software Publishing. Hace posible publicar o consultar presentaciones de todo tipo en Internet.

—Real Player. Posibilita el acceso a formato de audio y vídeo. La página web desde la que puedes bajarte este *plug-in* es **www.realplayer.com**.

—Macromedia flash. Permite visualizar páginas construidas con la tecnología *flash*. La página web desde la que puedes bajarte una versión gratuita de este *plug-in* es **www.macromedia.com**.

Los *plug-in* son potentes herramientas para Internet que sirven como complemento a los navegadores, principalmente diseñados para visualizar páginas HTML. Sin ellos, no sería posible el acceso a miles de páginas web basadas en elementos multimedia.

Capítulo VIII:
Servicios de Internet
(Por favor, baja la tapa después de utilizarlo)

¿Qué me ofrece Internet?

El primero y más generalizado servicio es el correo electrónico, que permite intercambiar mensajes entre usuarios... El mensaje se descompone en una cabecera y un cuerpo de mensaje, donde residen los e-mails o "emilios".

La cabecera suele ser estándar, contiene información sobre el mensaje y está dividida en secciones de distinto significado:

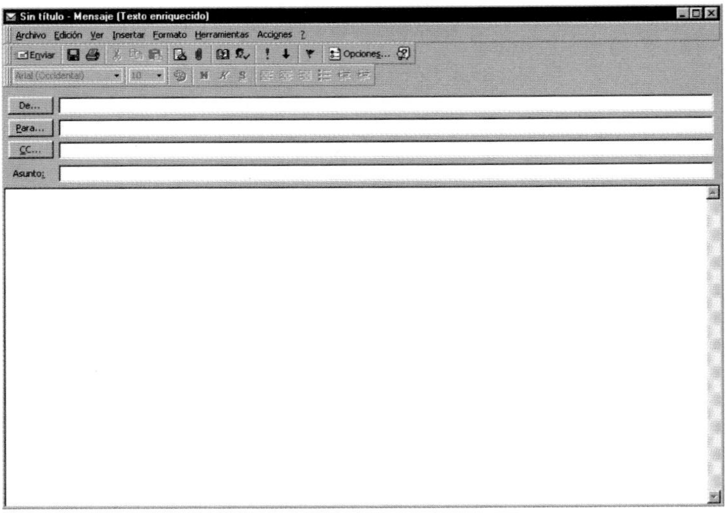

1) *Subject,* una especie de etiqueta o título del contenido del mensaje. Al visualizar el correo suele aparecer un índice con la fecha, autor y tema de cada mensaje. Si es de respuesta se antepone "Re". En los grupos de noticias se identifica a las preguntas anteponiendo "Q".

2) *From,* identifica el origen del mensaje. Contiene la dirección de correo desde donde se emitió el mensaje y, habitualmente, el nombre del usuario que lo envió.

3) *To,* contiene la dirección de correo a la que se envía el mensaje.

4) *CC* es el lugar donde se incluyen las direcciones a las que se envían las copias del mensaje si se quiere hacer de una sola vez a direcciones que luego no aparecerán en el mensaje.

5) *CO,* copia oculta.

La segunda parte es el mensaje propiamente dicho. El cuerpo de este es libre y normalmente suele acabar con una firma que de forma habitual reside en un fichero separado *(signature)* que contiene información relativa al usuario (nombre, dirección, teléfono...). Para los más informales este espacio se emplea para incluir toda clase de datos: frases célebres, hechas o propias, dibujos...

Lo más importante en el tema del correo electrónico o e-mail es conocer cómo funciona y dónde residen los mensajes, ya que a veces induce a error. Cuando un proveedor nos da de alta una cuenta de correo electrónico en su servidor, nos asigna un espacio de disco para nuestro correo. O sea, es como si tuviéramos nuestro buzón allí, en su máquina.

Los mensajes que nos envían quedan almacenados con su fecha y hora y cuando nos conectamos al proveedor y solicitamos "Obtener correo" se descargan a nuestra máquina, borrándose del servidor (salvo que indiquemos lo contrario en las preferencias de nuestro programa de correo). Cuando enviamos un correo, lo hacemos a nuestro proveedor, y desde allí se redirecciona al servidor que alberga el buzón de la dirección de destino, aunque el destinatario no se encuentre conectado. Cuando lo haga se le descargará el mensaje desde su proveedor. Por ello para manejarse con el correo no es necesario que las dos personas estén simultáneamente en línea, es decir, conectadas a Internet.

—Otro de los servicios mencionados anteriormente es el FTP, la transferencia de ficheros, una de las aplicaciones más populares de la Red que en la actualidad ha sido superada por la World Wide Web. Se utiliza para intercambiar ficheros en cualquier formato, que, organizados en directorios, pueden estar acompañados de información complementaria. Los directorios suelen tener un fichero especial (README, READ.me, INFO, INDEX) donde se describe su contenido. Los más importantes son los servidores FTP denominados "anónimos o públicos", puntos de intercambio de software y documentación pública a los que se accede con un *password* que suele ser la dirección de correo del usuario que accede al servidor. Algunos servidores de transferencia de ficheros limitan el número de usuarios que pueden conectarse al mismo tiempo. En los FTP más importantes surgen los *mirrors,* otros servidores en los que se guarda la misma información, que están situados en localizaciones geográficas diferentes.

—Otro de los grandes servicios de Internet es la "conexión remota", conocida como Telnet. Permite conectarse a un ordenador remoto y trabajar con él de una forma interactiva. Se puede acceder a catálogos de universidades, bibliotecas, archivos cinematográficos, recetarios gastronómicos... El ordenador funciona como un terminal del ordenador remoto a la espera de que se introduzca el comando.

—Un servicio más de Internet del que tenemos que hablar es el de News. Es un sistema a medio camino entre el correo electrónico y FTP. En este caso el término News no hace referencia a sucesos actuales o relacionados con el mundo de la prensa, sino a charlas y discusiones sobre temas de todo tipo. La información está organizada en grupos temáticos —técnicos en su origen— aunque en la actualidad cubren cualquier posible área de interés. Las noticias no son estrictamente Internet. Se transmiten por la red USENET, que tiene relaciones y conexiones con varias redes como BITNET, UUCP e Internet. Como todas, soportan el protocolo de noticias NNTP, son capaces de intercambiarse ese tipo de información entre ellas y los usuarios de todas esas redes pueden ver las noticias de todos. Los grupos de noticias son lugares donde se mandan mensajes que se muestran al que se conecte a ese grupo de noticias. Cada grupo trata temas diferentes, tiene usuarios habituales, gente que va de paso, otros que leen pero que no participan... Los grupos de noticias de USENET se organizan jerárquicamente, lo que facilita conocer el tema del que se trata sin tener que leer algunos artículos ni tener que mandar un mensaje preguntando. El nombre de un grupo de noticias es una serie de palabras separadas por puntos. A la izquierda se coloca el dominio superior y a la derecha se va ramificando. Las categorías superiores más importantes son:

alt.	Grupos alternativos de discusión para todo tipo de temas.
comp.	Temas relacionados con hardware, software y protocolos.
gnu.	Temas relacionados con FSF (Free Software Foundation).
misc.	Temas que no encajan en otras categorías.
news.	Sobre el software de USENET, administración, anuncios.
rec.	Aficiones y hobbies como la filatelia, la cocina, los viajes...
soc.	Temas de discusión social.
talk.	Debates y discusiones sobre diversos temas.

Para poder leer y/o enviar noticias se necesita un programa específico que se conecte al servidor y envíe o reciba los comandos necesarios. Uno de los mejores lectores de noticias es Forté Free Agent, que se puede conseguir en su página web **http://www.forteinc.com**.

Después surgieron otros niveles especializados como *bionet,* dedicado al debate de temas biológicos, y otros alternativos como *alt,* un foro sin censuras, ni moderadores que pongan orden al correo, ni canalicen las discusiones, donde se puede hablar de todo, legal o ilegalmente... Actualmente existen multitud de empresas y organizaciones que desarrollan sus propios grupos de noticias.

—Gopher es un sistema jerárquico de menús a mitad de camino entre el primitivo FTP y la más reciente World Wide Web. Cada entrada puede apuntar por igual a un fichero, a un nuevo directorio en el mismo ordenador o a otro menú en otra máquina. Dependiendo del visualizador, estas entradas pueden seleccionarse mediante un número, cursor o iconos.

—Archie es un servicio que facilita la localización de información a través de la Red, ya que a medida que ha crecido el número de servidores se ha hecho más complicado encontrar una referencia de información concreta. El sistema se usa en la actualidad con herramientas basadas en WWW. Su complemento es WAIS. Mientras que Archie sólo encuentra ficheros según su nombre, WAIS lo hace en función de los contenidos.

—Por último tenemos que hablar del sistema que mejores cartas presenta de cara al futuro de la Red... World Wide Web es un sistema de intercambio de información multimedia desarrollado en el CERN (Centro Europeo de Investigación Nuclear) de Ginebra en 1989. Este servicio no estaba incluido originariamente en Internet aunque ha sido el que más ha contribuido a la difusión de la Red. WWW son las iniciales de World Wide Web, traducido al castellano MMM (Malla Máxima Mundial). Es un conjunto de miles y miles de documentos multimedia emplazados en ordenadores de todo el mundo, a los cuales es posible acceder utilizando un programa denominado *browser* o navegador.

Los documentos están escritos en un lenguaje especial: HTML *(HyperText Markup Language),* un sistema unificador de la información que permite integrar en un mismo documento objetos de distinta naturaleza. La unidad de trabajo, el documento, normalmente construido en este lenguaje, contiene texto formateado con indicaciones sobre el aspecto (tipo de fuente, tamaño...) y la disposición del texto (párrafos, listas...). También contiene imágenes, soportadas en varios formatos, que pueden visualizarse directamente sobre el documento o externamente por medio de un programa adecuado.

Pero realmente lo que ha hecho atractivo este sistema ha sido su contenido en referencias a otros documentos a través de URL *(Universal Resource Locators),* cadenas que identifican objetos en la Web. Cadenas universales que pueden emplearse para etiquetar objetos exportados con cualquier protocolo. El usuario ve un documento con la apariencia de una página creada con la ayuda de un paquete de autoedición. Con solo un clic del ratón se abre un nuevo documento que puede estar almacenado en el otro extremo del mundo. Se denomina *Web browsing:* rápido desplazamiento a través de documentos en la Red.

Capítulo IX:
Acceso a la información

¿Cómo accedo a la información?
Ale, bonit@, que te lo vamos a explicar

Ya sabes que en Internet se puede encontrar casi todo. Hoy por hoy es el banco de datos más grande y universal existente. Lo único que hay que saber es cómo encontrar la información que precisas en cada momento. Existen aplicaciones especiales en ordenadores conectados a Internet, también llamados "motores de búsqueda", que rastrean permanentemente la Red y que catalogan cada página en función de su contenido. No obstante, hay que tener en cuenta que estos sistemas de búsqueda no entienden el contenido de las páginas. Lo que hacen es contar las veces que aparece una determinada palabra dentro de un documento. A pesar de este inconveniente, es el único procedimiento con el que se pueden ordenar los millones de páginas que se encuentran colgadas de la Red. El usuario es el que tiene que seleccionar los resultados que le interesen, ya que no tienen por qué tener relación con lo que está buscando.

Los buscadores más conocidos son Lycos, Altavista, Yahoo! y Excite. Aquí tienes algunas direcciones:

www.lycos.es
www.altavista.com
www.excite.es
www.yahoo.es
www.guay.com
www.mns.es
www.topclic.com
www.ozu.es

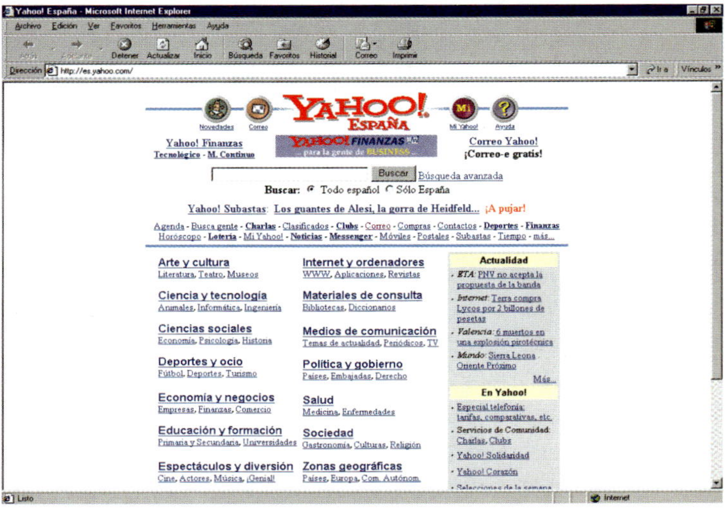

Toma nota de lo más importante que debes tener en cuenta a la hora de elegir un buscador:

—Su sencillez de manejo.

—Su velocidad en el procesamiento de datos.

—La presencia de un eficaz sistema de búsqueda avanzada.

—La actualización de sus contenidos.

—Facilidad y rapidez para que cualquier usuario pueda dar de alta direcciones que no están presentes en la base de datos del buscador.

—La presentación de los resultados, que debe ser clara y ordenada, con descripciones detalladas y acceso directo a las direcciones propuestas.

—Y muy importante también, el idioma con el que se presenta.

TRUCO: en ocasiones buscar datos en la red de redes puede resultar lento y tedioso. Los sistemas de búsqueda actuales sólo muestran 10 ó 20 resultados simultáneos, y el continuo cambio de la información de la ventana con enlaces "Adelante" y "Atrás" hace aún más pesada la búsqueda. WebFerret es una solución bastante cómoda y útil para estos menesteres. Se trata de un programa independiente del navegador que puede ser utilizado con Netscape o Explorer. Su funcionamiento se basa en la realización de consultas sobre el término que se desea encontrar en los buscadores más conocidos. Los resultados van apareciendo en una lista donde se han eliminado las direcciones duplicadas, pudiendo seleccionar los sitios más interesantes que pueden visitarse en el navegador preferido con un simple clic de ratón.

El programa se puede obtener visitando la dirección **www.ferretsoft.com/netferret/index.html** y accediendo al área de descarga. WebFerret es un servicio gratuito, sin límite de tiempo de uso ni reducción de funciones. También se puede adquirir la versión WebFerretPRO donde se añaden nuevas funciones. Para instalar el programa, primero habrá que descomprimirlo utilizando WinZip y, después, ejecutar el proceso de instalación.

¿Y los directorios?

Otro procedimiento de búsqueda es el que siguen los directorios. Son páginas web que se ocupan de clasificar un índice temático especial, enlaces a otras páginas de Internet. Además, estos enlaces están comentados, e incluso, en ocasiones, clasificados por su calidad. Los catálogos más utilizados son: Yahoo!, Guay y Mns. En ellos sólo encontrarás las direcciones realmente interesantes, clasificadas y comentadas. El inconveniente es que, de esta forma, sólo pueden catalogarse unas 100 páginas al día, es decir, en ningún caso los catálogos realizarán una búsqueda completa de la información de Internet.

¿Y qué me dices de los portales?

Son otra forma de acceder a la información contenida en la Red. Los más populares en nuestro país son los siguientes:

—EresMás (antiguamente Alehop): **http://www.eresmas.es**. Se define a sí mismo como un portal de entrada. A diferencia de otros portales de la Red, su objetivo no es cautivar a la audiencia con sus propios servicios sino orientarles para encontrar lo mejor de Internet. El portal tiene dos elementos: la página principal de acceso, por donde entran todos los usuarios que tienen contratada la cuenta gratuita, y la barra flotante, que se incorpora al navegador y que incluye un buzón de correo unificado, búsqueda temática de contenidos, traducción de palabras, calculadora, agenda, calendario y una serie de enlances de interés.

Para no navegar sin rumbo hay un buscador, Excite España, compañía participada por Retevisión. Alehop ofrece acceso gratis a Internet a través del número de teléfono 1050 utilizando Retenet, la red propia de la operadora para acceso a Internet. La calidad de conexión es muy buena. El servicio gratuito incluye 5 MB de espacio web, un ilimitado número de cuentas de correo, acceso a través de RTC y servicio de asistencia técnica las 24 horas del día.

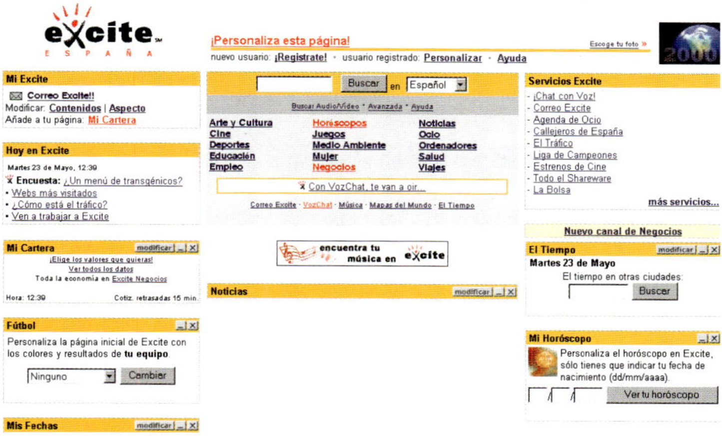

—Canal 21 (Euskaltel): **http://www.canal21.com**. Canal 21 destaca sobretodo por la originalidad de su diseño, muy innovador y desarrollado con la tecnología *flash,* como la Webería de Gomaespuma. Fueron los primeros en ofrecer acceso gratuito a la Red y en dar una amplia selección de noticias de las Comunidades Autónomas en su propio idioma. Canal 21 ofrece dos buscadores. Uno local, de desarrollo propio, y otro global, en colaboración con Yahoo!

La conexión es también de una calidad bastante aceptable y se realiza a través de la red de Euskaltel —si se reside en el País Vasco— y de Retenet en el resto de España. Canal 21 garantiza 3 KB/seg, 5 MB de espacio web para alojamiento de páginas personales y un teléfono de asistencia de 24 horas.

—Lycos: **http://www.lycos.com**. Es uno de los portales más grandes de la red mundial. Este año ha sido absorbido por Terra (Telefónica). En Europa la matriz estadounidense mantiene una alianza con Bertelsmann para el desarrollo conjunto y su implantación en el continente. Su oferta se basa en un buscador, servicios de noticias, tiendas Online y la comunidad Tripod, una de las más importantes de Internet. Tripod es el lugar donde los usuarios pueden alojar gratuitamente sus páginas web. Ofrece un programa de afiliación que permite a los propietarios obtener beneficios a través del comercio electrónico y de la publicidad que ofrezcan, además de módulos con contenidos de noticias e información que pueden incorporarse de forma gratuita a las páginas web para dotarlas de un mayor atractivo.

—Navegalia: **http://www.navegalia.com**. Es la apuesta de Airtel en Internet. Combina un servicio de acceso gratuito (también disponible de pago con posibilidad de RDSI) con una variedad muy completa de contenidos. Su diseño es estupendo. Entre los servicios ofertados está la posibilidad de enviar mensajes a móviles, envío de faxes, avisos o alertas a través del teléfono móvil, postales, calculadora, correo gratuito, acceso a numerosos canales y posibilidad de bajarse música de la Red. Otra de las ventajas para el usuario es que incorpora en la portada los contenidos más importantes. Navegalia incluye una cuenta de conexión gratuita a Internet. Garantiza un caudal de 5 KB, una cuenta de correo Web/POP3 con 5 MB de espacio y 5 MB de espacio web. El servicio de atención al cliente funciona 24 horas al día.

—Ozú: **http://www.ozu.es**. Es el único buscador orientado a la Internet española. De hecho fue uno de los portales pioneros en nuestro país. Al no estar ligado a un proveedor de acceso o a una operadora, Ozú no ofrece conexión a Internet. En cambio, ofrece e-mail gratuito, hospedaje gratuito de páginas web, servicios de noticias a través de un acuerdo con la agencia Europa Press, corrector ortográfico en 12 idiomas, foros, chats, tablones, tiendas Online...

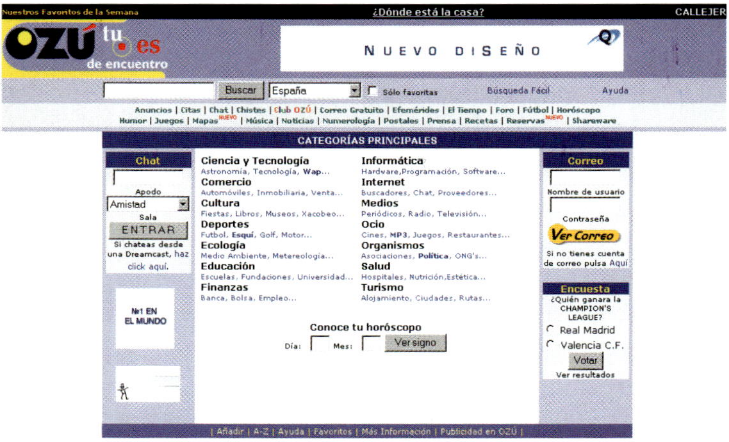

—Pobladores: **http://www.pobladores.com**. Este portal nació como una "comunidad virtual de internautas" muy cuidada en su diseño y en sus contenidos. A través de él se distribuye Territorios, que agrupa diversas áreas temáticas: deportes, cine, televisión, gente, ciudades, música, informática, aficiones, humor, tiempo libre, juegos... Pobladores ofrece conexión gratis a Internet a través de Interpista. Los usuarios también pueden obtener cuentas Web Mail.

—Telepolis: **http://www.telepolis.com**. Es el primer portal que no evoluciona de un buscador ni de un operador o ISP. Tras el éxito de *El Digital* (un boletín diario que recoge los titulares más destacados de la prensa española), dirigió sus esfuerzos a poner en marcha una comunidad virtual con foros, páginas web gratuitas y correo. Telepolis ofrece conexión gratuita a Internet y conexión de alta calidad de pago a través de ADSL.

Con respecto al comercio electrónico cuenta con una gran tienda con diez departamentos diferentes (juegos, educación, cocina, deportes, informática, salud, viajes...).

—Wanadoo (Uni2): **http://www.wanadoo.es**. Es el portal por el que apuesta Uni2. Al igual que Canal 21 utiliza la tecnología *flash* en su diseño, lo que favorece la interactividad y una visita mucho más atractiva que los portales "Tipo teletexto". Apuesta además por el comercio electrónico ofreciendo a sus visitantes seis tiendas en colaboración con sus propietarios. Su oferta de conexión gratuita incluye conexión vía RTC, una cuenta de correo web, 5 MB de espacio web y servicio de atención al cliente las 24 horas del día. Existe la posibilidad de una cuenta de pago ofrecida por Uni2, cuya novedad está en incluir en un solo pago fijo al mes la conexión a Internet durante un número determinado de horas y el coste telefónico de las llamadas.

—Ya: **http://www.ya.com**. Un portal de reciente aparición en España puesto en marcha por Jazztel Internet Factory, que apuesta por los contenidos "multimedia". Es el único que dispone de una radio que emite diariamente por Internet todo tipo de música y programas de producción propia. Otro de los apartados, MiniYa, permite estar al corriente del estado del buzón de correos, la agenda interactiva y de los foros en los que el usuario está dado de alta.

Por otra parte, el "Pasaporte Ya de Navegación" permite al visitante registrarse una sola vez en la multitud de servicios que ofrece el portal como noticias, correo electrónico a través de MixMail y acceso gratuito a Internet.

—Terra (antes Olé): **http://www.terra.es**. Uno de los grandes acontecimientos del año fue la compra por Terra de Lycos, convirtiéndose en el primer portal global de Internet. Con esta transacción se ha convertido en el tercer portal más grande del mundo, por detrás de AOL y Yahoo! Terra, filial de Telefónica, es el primer portal del mundo de habla hispana y portuguesa con un potencial de 550 millones de clientes.

Ahora con la adquisición de Lycos, que cuenta con dos millones de clientes de pago, pretende ampliar su actividad en Estados Unidos. Este portal ofrece numerosos servicios y, por supuesto, Internet gratuito. Pone a disposición del usuario un buscador, correo gratuito, posibilidad de acceder a foros, chats, creación de postales, envío de mensajes a través del móvil... Otras ofertas son el acceso a diversos canales, noticias, comercio electrónico, portal de finanzas, callejero, juegos Online y, para los amantes de la música Mondosonoro, un apartado en el que el usuario puede bajarse canciones en formato MP3. Tiene versiones para Brasil, México, Argentina, Chile, Perú, Guatemala y Estados Unidos.

—Inicia: **http://www.inicia.es**. Es un portal de reciente aparición, propiedad del Grupo Prisa. Entre sus servicios, además de la conexión gratuita a Internet, destacan: correo electrónico, chats, quiosco de periódicos *(El País, Cinco Días, As),* información relativa a emisoras de Radio propiedad del Grupo (Cadena 40, SinfoRadio) y a cadenas de televisión como Canal+, o el paquete de oferta televisiva que integra Canal Satélite Digital. Otros servicios son el Buscopio (un buscador de buscadores), subastas, cartelera, sorteos y loterías, aeropuertos, fotofórum, cine, guía de empleo...

A la oferta de información sanitaria en Internet acaba de sumarse Canal Salud, uno de los canales temáticos de Inicia. Nace con el compromiso de seleccionar rigurosamente sus contenidos y enlaces, y para ello cuenta con un amplio comité de expertos en todas las disciplinas médicas. Canal Salud ofrece enlaces con las mejores revistas especializadas *(Lancet, Nature, British Medical Journal, JAMA)* y con las mejores páginas disponibles; entre ellas, claro está, la de Medline, que da acceso gratuito (por orden del vicepresidente Al Gore) a la National Library of Medicine, quizá la base de datos más grande sobre medicina.

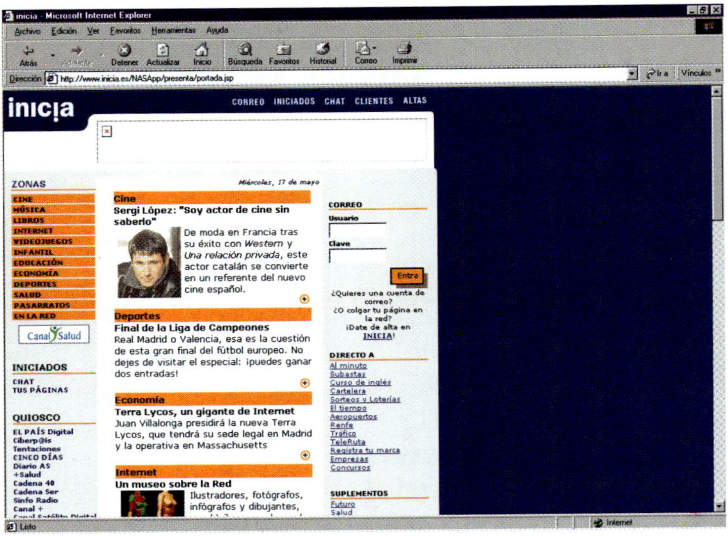

—Topclic: **http://www.topclic.es**. Es un motor de búsqueda que se define como el más respetuoso con la privacidad de sus usuarios. Este buscador no usa *cookies,* ni *banners,* ni ningún otro sistema para recopilar información. Utiliza un protocolo de seguridad en su buscador principal que evita el seguimiento de las sesiones o la identificación del usuario. Los principales motores de búsqueda generan beneficios a través de ventas directas o con los *banners,* práctica que, sin embargo, no se utiliza en este buscador. El motor de Topclic está suministrado por Google, que ha sido declarado por la revista *Yahoo! Internet Life* como el "mejor buscador de Internet". Hoy por hoy es una de las opciones más completas a la hora de proteger la privacidad del usuario.

—PortaldeBelén: **http://www.portaldebelen.es**. Para más información, sigue la estrella.

Los enlaces o links

Los *links,* "enlaces o anclas", nos permiten desplazarnos de forma rápida entre los diferentes documentos. Puede ser una sola palabra dentro de un documento, un grupo de palabras o una imagen. Los enlaces son muy fáciles de reconocer. Basta con que recorras la pantalla con el ratón y esperes a que el cursor adopte la forma de una mano que apunta con el dedo índice. Entonces es suficiente un clic con el ratón para recibir en pantalla otro documento o página que, a su vez, puede tener otros enlaces. Muchas páginas web agrupan los enlaces en listados que constituyen las llamadas "barras de navegación", cuya función es permitir que el internauta recorra con facilidad todas las páginas de un servicio concreto.

Capítulo X:
El e-mail o "emilio" para los amigos

¿Qué es un e-mail?

El correo electrónico o e-mail es la forma de enviar textos, imágenes, ficheros... de un ordenador a otro. Con el e-mail se pueden transmitir mensajes de un lugar del planeta a otro en cuestión de segundos. 200 millones de personas en el mundo, la mitad en Estados Unidos, se comunican a través de Internet. En nuestro país, la cifra avanza por momentos, aunque ya supera los tres millones. En el próximo decenio se calcula que el número de internautas alcanzará los 1.000 millones. Desde un simple texto hasta material fotográfico o videográfico tienen cabida en los e-mails. Eliminadas las fronteras espacio-temporales, un e-mail suele tardar cinco segundos en llegar a su lugar de destino, aunque se encuentre en la otra parte del mundo —una de las ventajas del correo electrónico es su bajo precio, ya que cuesta lo mismo que una llamada local.

Actualmente en nuestro país, los servidores de Internet regalan una cuenta, es decir, una dirección de correo electrónico. Y, además, últimamente también es posible mandar y recibir mensajes desde el móvil. Los servidores de correo gratuito más importantes son: Hotmail, Mixmail, Skios, Yahoo! y Latinmail.

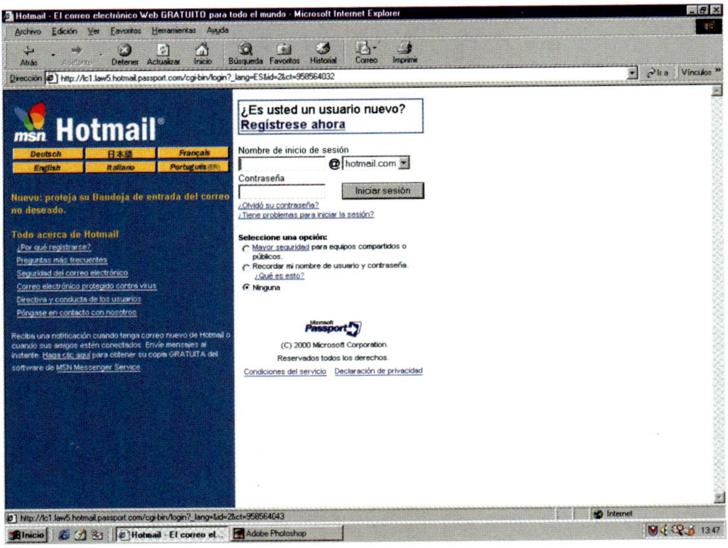

Gomaespuma recomienda: hay que tener en cuenta a la hora de enviar imágenes (foto-vídeo) su volumen en hojas. Cuando se elige el formato es preferible que sea el más pequeño, pero que tenga una buena resolución de imagen. El formato más usado en Internet para transferir imágenes es JPG, ya que combina buena calidad y tamaño pequeño.

Capítulo XI:
Los chats, los foros y las News

Son muchas las personas que entran en contacto a través de las llamadas "comunidades virtuales", puntos de encuentro donde los internautas pueden opinar y acceder a distintos servicios. Una de las más conocidas en nuestro país es "commm.com" **(http://www.commm.com)**. No obstante, la estrella sigue siendo el chat, que permite comunicarse con personas de cualquier parte del planeta al instante. La primera vez que se utiliza nos debemos registrar con un "nombre o apodo" *(nick)* y el sistema nos enviará la contraseña requerida para chatear. Incluso hay habitaciones donde se puede hablar en privado. El guardián de la comunidad es el *webmaster,* que actúa cuando alguien se sobrepasa con insultos o agresiones verbales. Tiene potestad para expulsar al internauta de la conversación y bloquear sus futuras entradas. Para evitar este tipo de incidentes es conocido por todos un código de cortesía que, en argot, se llama *netiquette.* Como en las comunicaciones por la Red la rapidez cobra vital importancia, los internautas han creado su propio lenguaje. Unos signos denominados "emoticones" —de *emotion* (emoción) y de *icon* (icono)— sirven para expresar estados de ánimo.

Otro componente de las comunidades son los foros. En ellos participan usuarios con intereses comunes: médicos, amantes del cine, la literatura, la ecología...

Sin embargo, en las News o noticias no es necesario ningún programa. Basta con acceder a estos grupos y el mensaje pasa de un internauta a otro automáticamente. Por último, la mensajería o paquetería instantánea permite, mientras se realiza otra actividad, tener aviso de que tenemos un mensaje. Inmediatamente podemos contestar en la ventanita que se abre, lo que nos ofrece más rapidez que el correo.

Capítulo XII:
Normas de uso: *netiquette*

Las normas de uso de Internet , aunque no son oficiales suelen ser acatadas y respetadas por la comunidad de internautas y se agrupan bajo este nombre: *netiquette,* referidas en su mayoría al correo electrónico. La ley fundamental es la que condena cualquier uso comercial de la Red, paradójicamente el más extendido, aunque aún quedan reductos que intentan salvaguardarse de la práctica. Un caso es el del correo electrónico. Es indispensable conocer el significado de términos —casi siempre abreviados y en lengua inglesa— como *Aka* (también conocido como), *ASAP* (tan pronto como sea posible), *BTW* (de todas formas), *FYI* (para tu información), *IMHO* (en mi humilde opinión) o *WRT* (con respecto a), entre otros.*

*UMCP: una mierda como un piano. (Ni se te ocurra usarlo, lechón que este es falso).

Otras de las claves de la comunicación entre internautas son las llamadas *smiley faces* o "emoticones..." agrupaciones de caracteres a los que se han dado significados concretos y que suelen acompañar a los e-mails.

A la hora de escribir un mensaje hay una serie de normas que facilitan al destinatario la lectura y la comprensión de los mensajes:

1) Mencionar siempre el asunto. De esta forma, el destinatario podrá localizar rápidamente en su bandeja de entrada los mensajes de su interés y ordenarlos.

2) Separar el texto en párrafos (facilita la lectura).

3) Evitar las mayúsculas, ya que simbolizan gritos. Además un texto escrito en mayúsculas se tarda en leer un 30% más que el mismo texto en minúsculas.

También el chat tiene una serie de normas de etiqueta que los usuarios deben respetar para mantener una convivencia agradable en la Red:

1) Al entrar por primera vez en un canal: saludar, presentarse y mantener una actitud receptiva con los demás usuarios. Al marcharse, no olvidar despedirse.

2) Evitar también las mayúsculas y los colores en el texto. El negro es el estándar.

3) Los operadores deben ayudar a mantener el orden, informando a los usuarios novatos sobre el funcionamiento del canal y haciendo que las normas se respeten.

4) Mantener las formas y ser muy educado.

5) Evitar repetir el mismo texto, una práctica que se conoce como *flood* y que puede ser motivo de expulsión de un canal.

6) Está prohibido permanecer en canales que traten temas como la apología del terrorismo, la piratería informática...

7) Lo más recomendable es visitar la web del canal al que accedes para conocer las normas particulares del mismo. La dirección suele aparecer en el *topic*.

Un "emoticon" o *smiley* es la representación de la cara de una persona que transmite información sobre su estado de ánimo o, sencillamente, para subrayar ciertos comentarios. Se forman combinando caracteres de texto con el teclado y se utilizan principalmente en los chats, en el correo electrónico y en cualquier medio escrito de carácter informal. Aunque cada internauta suele utilizar los emoticones de manera particular, los más utilizados en la Red son los siguientes:

: -) :)	Una cara sonriente con nariz
: DD	Sonriente
:)))))	Muy sonriente
: - (:(	Una cara triste
; -)	Guiñando un ojo (prueba a darle la vuelta)
: - o	Cara de sorpresa (gira otra vez)
8 -)	Con gafas (gira)
: - ((	Muy enfadado (gira)
: - p	Expresión de burla (una vuelta de tuerca más)
:-\	Mosqueado
8)	Con gafas
B: -)	Guaperas con gafas en el pelo
:-**	Mandando besitos
:´-)	Llorando de risa
:-Q	Fumando un cigarrillo
:-?	Dudando
};-)	Un diablillo
O:-)	Un ángel
[:-)	Escuchando un walkman
X-(	Enfadado
=O	Asombrado
:O)	Sonriendo a pesar de tener una nariz grande
:-]	La sonrisa del vampiro
: - (=)	Gritando
2 x 2 =	Cuatro

Los pecados capitales

Existe un sistema de penalización en la Red. Entre los delitos tipificados se encuentran:

—El envío de un mensaje a un grupo de News inadecuado o enviarlo a demasiados.

—Hacer preguntas ya recogidas en las FAQ *(Frequently Asked Questions* o preguntas formuladas frecuentemente). Son asociaciones de preguntas y respuestas asociadas a la mayoría de los grupos de News.

—Hacer preguntas tontas.

—Enviar mensajes agresivos.

—Usar un grupo de News para enviar mensajes privados.

—Tener una rúbrica demasiado larga.

—Escribir en letras mayúsculas, aunque resulte sorprendente, es uno de los mayores pecados.

Los castigos comienzan con la respuesta —casi siempre masiva con la intención de inundar de mensajes el buzón del personaje que ha metido la pata— a través del correo electrónico. Otra forma de recriminación menos diplomática es la respuesta mediante un grupo de News —donde se envió el mensaje original— para iniciar una *flame war,* una bronca intensa con insultos incluidos. Los hay quienes advierten al administrador del sistema del comportamiento inadecuado de uno de los usuarios, lo que puede llevar a la cancelación de su cuenta o de su permiso para enviar correo.

Capítulo XIII:
Los dominios

*¿Qué es el dominio?**

Las direcciones de la Red son en realidad direcciones IP formadas por una secuencia de números. Para hacer el trabajo más fácil al usuario se usan unas direcciones simbólicas basadas en el DNS (Sistemas de nombre de dominio), un sistema de bases de datos de nombres y direcciones repartido por todo el mundo que se encarga de traducir las direcciones simbólicas en numéricas. Existe una jerarquía de dominios.

En primer lugar se encuentran seis dominios especiales propios de Estados Unidos junto a dominios nacionales de cada país, que se representan con dos letras.

*Dominio: es un juego de fichias en el que más valie es el seis doblie.

Estos son:

.com	(empresas)
.edu	(centros de educación)
.gov	(organismos públicos)
.mil	(defensa)
.net	(redes)
.org	(organizaciones)

Otros nuevos:

.art	(organizaciones relacionadas con el arte)
.rec	(entidades dedicadas a actividades recreativas)
.web	(organizaciones relacionadas con la Web)

Entre los dominios nacionales se encuentran:

.de	Alemania
.uk	Reino Unido
.ca	Canadá
.au	Australia
.jp	Japón
.nl	Holanda
.fr	Francia
.us	Estados Unidos
.fi	Finlandia
.se	Suecia
.no	Noruega
.ch	Suiza
.it	Italia
.nz	Nueva Zelanda
.za	Sudáfrica
.at	Austria
.es	España
.mc	Mejorada del Campo
.db	Don Benito

Además, la Unión Europea tramita la aprobación de un dominio europeo *.eu*, cuyo objetivo no es competir con el resto de dominios de primer nivel *(.com; .org; .edu...)*, sino servir como identificador para empresas europeas que desarrollen algún tipo de actividad en Europa.

Los problemas con los dominios

Actualmente son muchos los problemas que han surgido con los dominios. Internet se ha convertido en una fuente de violaciones de los derechos de marca, y las empresas no disponen de los suficientes recursos legales para proteger sus intereses. La OMPI (Organización Mundial de la Propiedad Intelectual) es la encargada de resolver hoy por hoy los conflictos por los nombres de dominio. En el procedimiento de reclamación de los dominios, el demandante debe acreditar que es el titular de la marca, que el nombre del dominio demandado es similar o idéntico al propio y que tanto el registro como el uso del dominio se han realizado de mala fe. Tras la celebración el pasado mes de marzo del Primer Fórum Iberoamericano sobre Innovación, Propiedad Industrial e Intelectual se acordaron dos iniciativas que reforzarán la posición de las compañías en los conflictos entre marcas y nombres de dominio.

Por un lado, la propuesta de la OMPI de excluir las marcas notorias del sistema de asignación de dominios; por otro, el nuevo sistema de arbitraje que ha puesto en marcha la OMPI para resolver este tipo de conflictos ha agilizado los procesos de demanda.

De esta manera, la rapidez en la resolución —no más de 45 días— y las nuevas reglas adoptadas por Internet para resolver los conflictos con los nombres de dominio, ha animado a quienes se consideran legítimos propietarios de los nombres en la Red a acudir al centro de arbitraje de la OMPI.

El dominio .com y el dominio .es

Cuando nace Internet, la primera autoridad que otorgaba dominios fue la norteamericana, que definió tres tipos de dominios:

.com: para empresas comerciales
.org: para organizaciones
.net: para empresas de telecomunicaciones

Con el tiempo, y ante tal mogollón de solicitudes de dominios por parte de empresas de todo el mundo, surge Network Solutions, que se encarga de repartir de una forma justa y equitativa el pastel. Un control que no resulta nada fácil, ya que ante la gran flexibilidad de la máxima autoridad americana para otorgar dominios —prácticamente instantanéa—, la mayor parte de las empresas o usuarios adquieren el dominio *.com, .org* y *.net,* en ocasiones, por una ridícula suma de dinero y sin necesidad de presentar ningún tipo de credenciales.

Tanto descontrol obliga a llegar un acuerdo entre todos los países, de forma que cada uno pueda otorgar dominios propios. En el caso de España, por ejemplo, con el *.es.* Así cada país puede regular su sistema de dominios imponiendo reglas propias. En nuestra Madre Patria, el sistema de dominios es más duro y burocrático que el norteamericano para evitar precisamente los llamados *ciberokupas* y que se repitan situaciones como las vividas por Airtel, El Corte Inglés, La Caixa, Banesto y la sufrida por nosotros mismos, Gomaespuma, que también hemos tenido que comprar el dominio *.com.*

Entre las exigencias más importantes que actualmente se precisan a la hora de solicitar un dominio en nuestro país destacan:

—El dominio debe ser solicitado por una sociedad.

—El nombre debe coincidir con la razón social o marca que identifica a esa sociedad.

Por ejemplo, en nuestro país Nominalia tiene potestad para otorgar los dominios *.org* y *.net.*

Si quieres más información puedes consultar en

http://www.icann.com
http://www.networksolutions.com

Lo que dice la Ley

El 27 de marzo de 2000 el Ministerio de Fomento aprobaba el reglamento para el dominio español de Internet. Desde ese momento, los nombres con la terminación *.es* corresponderán obligatoriamente a empresas y organismos inscritos en el Registro Mercantil y en la Oficina de Patentes y Marcas. Esto evitará posibles fraudes y el comercio ilícito de las direcciones en Internet. También queda regulado su uso por autónomos y particulares. Los nombres que ya están aprobados no se verán afectados por esta norma. Otro de los objetivos de esta normativa, además de conseguir que el dominio español tenga "seguridad jurídica", es que estos se concedan lo más rápido posible. Los particulares que utilicen su nombre como razón social podrán a partir de ahora ofrecer páginas con la dirección *.es* en la Red. Cualquier profesional liberal o autónomo podrá crear su propia página web con el sufijo español. El reglamento prevé la creación de dominios de segundo nivel para uso particular, aunque no correspondan a una actividad comercial. Algo similar se ha aprobado para aquellas empresas que quieran disponer de más de una dirección electrónica, aunque en este caso no se garantiza que los nombres coincidan enteramente con los que las sociedades tengan registrados.

La importancia de que existan dominios de Internet seguros es fundamental para el desarrollo del comercio electrónico. Como te comentábamos en el epígrafe anterior, una de las medidas que la Unión Europea está estudiando para potenciar y extender su uso es la creación de un nuevo dominio, el *.ue*.

Capítulo XIV:
Direcciones IP

¿Qué es una dirección IP?
(Siglas de Ignacio Puértolas)

Cada ordenador conectado a la Red tiene una única dirección numérica IP (Protocolo de Internet). Una dirección típica está conformada por cuatro números separados por puntos. Por ejemplo: 156.189.311.5. Esta sería su localización oficial en la Red. A cada ordenador se le asigna una dirección IP en el momento en que se inicia la sesión. De esta forma, queda controlado el tráfico en Internet. Afortunadamente como el hombre tiende siempre a hacer más fácil el trabajo, no necesitamos recordar esta serie numérica gracias a la creación de direcciones simbólicas basadas en el DNS. ¿No es más sencillo recordar MixMail que 156.189.455.5?

Por ejemplo, antes de que envíes el mensaje "alguien@donde.com" tu programa de correo electrónico te pedirá tu servidor de nombre de dominio para convertir "donde.com" en una dirección IP. Este proceso recibe el nombre de *DNS lookup* (búsqueda de DNS).

Capítulo XV:
Configuración del correo electrónico

¿Cómo debo configurar el correo electrónico?

Existe una serie de datos imprescindibles para configurar una cuenta de correo electrónico que normalmente son facilitados por el proveedor.

1) Servidor POP3. Recibe el correo y almacena los mensajes hasta su recogida. Todos los e-mails que llegan a la cuenta del usuario desembocan en un buzón con su nombre en el servidor. Allí permanecen hasta que este decida qué hacer con ellos. Podrá transferirlos una vez conectado, recogerlos, dejar una copia en el servidor, reenviarlos a otra cuenta o borrarlos directamente del servidor.

2) Servidor SMTP. Cuando envías un mensaje, este pasa necesariamente por el servidor SMTP, que se encargará de repartir tu correo.

3) Nombre de cuenta y contraseña. Datos imprescindibles para poder acceder al correo almacenado en el buzón del servidor POP3.

4) Otros servidores de correo. Muchos servidores utilizan protocolos HTTP o IMAP. La ventaja de estos protocolos sobre el POP3 es que permiten al usuario leer los encabezados o asuntos de los mensajes recibidos o elegir los que desea recoger, al margen del orden de llegada. Normalmente las empresas que ofrecen cuentas de correo gratuitas utilizan este protocolo. Para enviar o recibir los mensajes debes conectarte a una determinada página web en la que además se recibe información publicitaria. Como es posible, gracias a este protocolo, ver el tema de cada mensaje, la publicidad puede evitarse.

Capítulo XVI:
Envío y recepción de mensajes

¿Cómo debo enviar un mensaje?

Los programas de correo más populares son de carácter gratuito. Por ejemplo, Outlook Express se distribuye con el paquete de software Microsoft Internet Explorer. Su rival Messenger es el cliente de correo de Netscape. Otros son: Pegasus Mail y Eudora Light.

Una vez seleccionado el programa de correo y configurada la cuenta cuyos datos te ha facilitado el proveedor, lo primero que debes hacer es confeccionar tu mensaje. Para ello tienes que rellenar una serie de datos y escribir el texto. Todo tiene su lugar en la ventana. En el caso del programa Messenger 4.5 de Netscape debes seleccionar la opción "Nuevo mensaje". En Outlook Express debes clickear sobre "Correo nuevo".

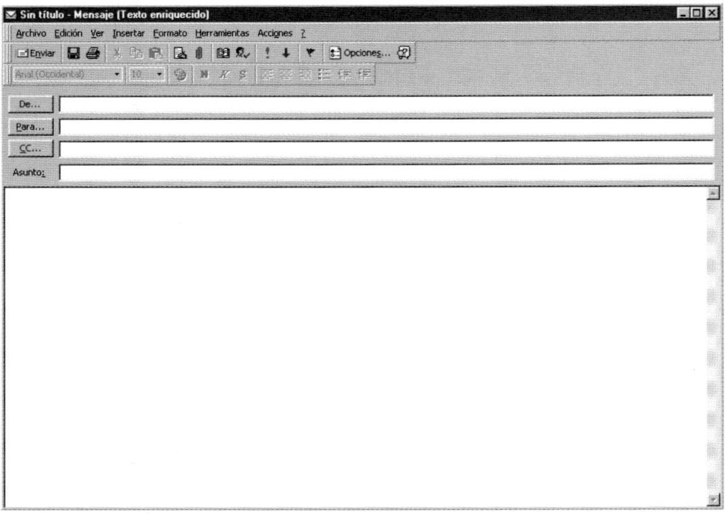

1) De: nombre del remitente. Generalmente el programa lo asigna de forma automática. Si no lo personalizas, aparecerá el nombre de la cuenta (imprescindible).

2) Para: dirección del correo electrónico del destinatario (imprescindible).

3) CC: direcciones electrónicas de otras personas a las que se quiere enviar el mensaje (optativo).

4) CO: las personas cuyas direcciones aparezcan en este campo recibirán una copia del mensaje sin que los demás destinatarios lo sepan. Con el menú "Herramientas/Seleccionar destinatarios" se pueden rellenar todos los campos sin necesidad de teclear las direcciones electrónicas.

5) Tema del mensaje (no es imprescindible rellenarlo, pero sí aconsejable).

6) Cuerpo del mensaje. Además de escribir el texto se pueden insertar imágenes.

7) Libreta de correo. Es una especie de agenda donde puedes incluir los nombres y direcciones electrónicas de las personas que desees.

GOMAESPUMA RECOMIENDA: es posible obtener y confeccionar mensajes de correo electrónico de cuentas de correo web (por ejemplo, YahooMail, Hotmail...) desde el programa Outlook Express de Microsoft, lo que nos evita tener que abrir el navegador y dirigirnos hacia el sitio de nuestro correo. Hasta ahora este es el único utilitario de correo que permite gestionar varias cuentas a la vez. Así que no es aconsejable intentar la configuración del WebMail con otro sin correr el riesgo de perder la configuración de nuestra cuenta base.
Y ¿cómo hacerlo? Pues muy sencillo. Si la cuenta que queremos revisar es de Hotmail, todo será muy sencillo, pues el programa lo ha puesto fácil. Si no tienes cuenta en HotMail puedes hacerte con una como te explicamos a continuación:
1) Estando ''Online'' pincha sobre "Herramientas" *(Tools,* en la versión en inglés).
2) Pincha después en "Nueva cuenta de correo" *(New Account Sign)* y seguidamente en "HotMail". Ahora solamente te queda seguir las instrucciones que son sencillísimas.
3) En el caso de que ya tengas cuenta te vas hacia "Herramientas" y luego pinchas sobre "Cuentas" *(Accounts).* Entonces se abrirá un cuadro en el que se aprecian cuatro pestañas. Pincha sobre la de "Correo" *(Mail)* y verás las cuentas que ya están configuradas.
4) Entonces pinchamos en el botón "Agregar" *(Add)* que se encuentra a tu derecha y este mostrará una pequeña lista de la cual tendrás que pinchar sobre "Correo" *(Mail).* Ahora pon un nombre a la cuenta (mejor poner uno que nos recuerde qué cuenta es: por ejemplo: TarzanHotMail) y pincha el botón "Continuar" *(Next).*

5) Comprobarás que aparecen dos pequeños círculos en blanco: pincha en el segundo, el que dice que te gustaría obtener una nueva cuenta de "HotMail" *(I'd like to sign up for a new account from HotMail)*.
6) Una vez pinchado el botón "Continuar" se abrirá un cuadro. Lo otro es ya pan comido. Sólo tienes que seguir las instrucciones rellenando tu nombre de cuenta y contraseña y verás que el Outlook Express ahora te mostrará una sección para HotMail dentro de las carpetas locales. Así que cada vez que aprietes el botón "Enviar" y "Recibir" *(Send/Recv)* también bajará tus mensajes de HotMail.
Si lo quieres hacer con otra cuenta que tengas, debes conocer los servidores de correo de entrada (POP3, IMAP, HTTP) y salida o SMTP; algunos pueden ser encontrados en los propios sitios de correo. Te damos la de Yahoo! como ejemplo y ya con las demás tú mismo puedes ir buscándote la vida:
-Servidor de entrada *(Incoming Mail Server):*

pop. mail.yahoo.com

-Servidor de salida *(Outgoing Mail Server):*

smtp. mail.yahoo.com

Luego te pedirá tu "Nombre de cuenta" *(Account Name)* y "Contraseña" *(Password)* y listo. Recibirás los mensajes con sólo abrir el Outlook Express.
Importante: No confundas el Outlook Express con el MS Outlook.

¿Cómo respondo a un mensaje?

Lo más sencillo y rápido es no responderlo, pero quedas fatal. Lo segundo más sencillo y menos rápido es pulsar sobre la opción "Responder". Entonces aparecerá una ventana con el texto del mensaje recibido. De esta forma, podrás responder a todo el contenido del mensaje —si este tiene varios puntos— sin necesidad de reescribirlo de nuevo. Además, el campo del remitente completará la dirección de forma automática, al igual que la casilla de "Asunto", cuyo título aparecerá de nuevo pero esta vez precedido de la sílaba "Re" (respuesta). Por otra parte, si el mensaje ha sido enviado a varias personas y se quiere contestar a todas bastaría con que pulsaras la casilla "Responder a todos". Por último, para enviar el mensaje a una tercera persona, deberás pulsar el botón "Reenviar".

Cuando contestas a un mensaje, el texto se mantiene al final. Es todo un detallazo si pierdes un segundo en borrarlo.

TRUCO para abaratar la factura: En programas como Outlook Express o Messenger 4.5 no es necesario estar conectado a la Red para escribir los mensajes. Al pinchar sobre el botón "Enviar" de cada mensaje, este no saldrá directamente hacia el destinatario, sino que pasará a la "Bandeja de salida". De esta forma, el tiempo empleado en escribir los mensajes queda fuera de la conexión a Internet. Una vez escritos, pueden enviarse juntos. Basta con conectarse y pulsar en "Enviar" y "Recibir" en Outlook Express o en "Obtener" en Messenger 4.5 (pero no le digáis a nadie que os lo hemos dicho nosotros, a ver si nos la vamos a cargar).

Capítulo XVII: La lista de correos

¿Qué es una lista de correos?

La lista de correos está compuesta por una serie de direcciones electrónicas que se utilizan para enviar mensajes a un gran número de personas, bien para debatir temas de interés común, bien para organizar grupos de trabajo cerrados. Por ejemplo, ECO es una lista de correo dedicada al mundo del arte, físico y virtual. El procedimiento de suscripción a una lista de correos es muy sencillo. Debes suscribirte primero a la lista enviando un mensaje a un programa llamado "gestor de listas" (cuya misión es recibir todos los mensajes y reenviarlos a cada uno de los miembros de las listas). Dependiendo del tipo de servidor donde se encuentre la misma hay dos maneras de suscribirte: bien por correo electrónico —enviando un mensaje—, o vía web —rellenando un formulario—. Este gestor de listas dará de alta al nuevo suscriptor de

forma inmediata. La comunicación con los gestores de listas se realiza mediante comandos. En este caso, el comando que debe figurar en el cuerpo del mensaje es "Subscribe". A partir de ahora recibirás en el buzón de correo los mensajes que se generen en la lista. Además de responder y de enviar e-mails por iniciativa propia, tendrás la oportunidad de iniciar una lista propia.
Las listas de correos son de varios tipos:

—Abiertas: cualquier usuario puede inscribirse.

—Cerradas: el administrador decide quién puede inscribirse y quién no.

—Moderadas: cuentan con un supervisor de mensajes.

—Restringidas: en ellas hay usuarios que pueden enviar mensajes y otros que tan sólo pueden recibirlos, sin posibilidad de responder.

—No restringidas: todos los usuarios pueden enviar y recibir mensajes. Son conocidas también como "Grupos de discusión". De todas formas hay una diferencia fundamental entre las listas de correos y los grupos de noticias. En estos últimos, los usuarios tienen la posibilidad de recibir los encabezados de los mensajes y descargar sólo los que les interesen, mientras que en las primeras los mensajes se descargan de forma indiscriminada, sin posibilidad de elección.

¿Cómo debo enviar mensajes a la lista de correos?

El procedimiento es el mismo que el del envío normal del correo electrónico. Sin embargo, tienes una ventaja. En vez de escribir las direcciones de todos los destinatarios de la lista, sólo necesitas poner la dirección de la misma.

¿Cómo cancelo una suscripción?

Te has cansado de una lista porque te parece que ha dejado de ser interesante para ti. Para solicitar la baja basta con enviar un mensaje al gestor, de la misma manera que realizaste tu suscripción. No olvides escribir en el cuerpo del mensaje el comando "Unsubscribe" seguido del nombre de la lista.

Capítulo XVIII:
Grupos de noticias

¿Qué es un grupo de noticias?

Los grupos de noticias o *newsgroups* son grupos de discusión donde se dejan mensajes compuestos por un título y un texto, de forma que cualquier usuario puede leerlos.

Normalmente se utilizan como foros de opinión, discusión o intercambio de información y están clasificados temáticamente. Están dedicados a la política, a los deportes, a la medicina, o incluso a enfermedades concretas como el sida o el cáncer, a chistes, sexo, pintura, informática, videojuegos, cine... Hoy por hoy, hay más de 36.000 grupos de noticias en la Red. Para buscarlos deberás entender las jerarquías. Presta atención. Los nombres de los grupos de noticias están formados por una serie de palabras separadas por puntos. Se leen de izquierda a derecha, desde la categoría más general a la más específica.

La primera categoría es de carácter temático —al tema genérico del que se habla en el grupo— o local —alude a la localización geográfica del grupo— . Seguidamente se encuentran aquellas que definen y delimitan más concretamente la temática. Debes saber que las jerarquías no son arbitrarias, sino que se han ido estableciendo a lo largo del tiempo convirtiéndose en un estándar comprendido internacionalmente.

Estos son algunos ejemplos:

es.	*rec.*	*cine.*	*accion.*
Grupo español de ocio	Temas	Cine	Películas de acción

A continuación te damos un listado de jerarquías que pueden ser útiles:

Jerarquía	*Significado*
biz	Anuncios
alt	Grupos *underground* o alternativos
comp	Temas relacionados con la informática
sci	Ciencia
rec	Ocio y aficiones
news	Actualidad interna de Usenet
answers	Para obtener las FAQ de los grupos y subgrupos de una jerarquía
binaries	Ofrecen archivos binarios, imágenes, programas o sonidos
d	Grupos de apoyo a otros grupos de discusión
misc	Aquellos que no encajan en ninguna otra jerarquía
info	Grupos que contienen información y noticias de una determinada jerarquía

¿Cómo accedo a los grupos de noticias?

Necesitas un programa lector de noticias y una dirección donde poder descargar la lista de grupos de noticias existentes. Normalmente esta dirección la debe proporcionar tu proveedor de Internet y suele comenzar con el prefijo "News". Desde la Red puedes descargar muchos programas de lectores de noticias, la mayoría de carácter gratuito:

Outlook Express: **http://www.microsoft.com/windows/ie/default.htm**
Collabra: **http://www.netscape.com/download**
Eudora Light: **http://www.eudora.com/eudoralight**
Free Agent: **http://www.forteinc.com**

La lista de los grupos de noticias está descargada en el programa "Lector de noticias". Se accede a ella clickeando sobre "Herramientas/Grupos de noticias". Para suscribirte a un grupo debes seleccionar con el ratón los que más te gusten y pulsar el botón "Suscribirse". De forma gratuita y desde ese mismo momento podrás empezar a enviar y leer mensajes.

GOMAESPUMA RECOMIENDA: DejaNews (**http://www.dejanews.com/**) es una forma de acercarse al mundo de los grupos de noticias por la WWW. Se trata de una web desde la que podrás acceder a más de 80.000 foros de discusión, que están agrupados por temas. Este sitio cuenta además con un buscador, en el que también podrás localizar mensajes y comunidades.

Capítulo XIX:
Acceso al chat

¿Cómo accedo a un chat?

El chat o *Internet Relay Chat* (IRC) es un sistema de conversación a través de la Red en el que pueden participar personas de todo el mundo. Para acceder al chat, sólo es necesario estar conectado a Internet y tener un programa "cliente" que puede descargarse desde la Red de forma gratuita. Los programas "cliente" más conocidos son: mIRC o PIRCH, siendo el primero el más usado por los chateros. Ambos son programas *shareware* que puedes descargar de la Red en las direcciones que te apunto a continuación, y que puedes utilizar de forma gratuita durante un tiempo para evaluarlos y decidir su posterior compra.

mIRC: **http://www.mirc.com**
PIRCH: **http://www.pirch.com**

No obstante, también se puede chatear en la Web con un programa navegador (Explorer o Netscape) ya que muchas páginas ofrecen servicio de chat. Aunque el sistema es más sencillo que el anterior, es más lento y las posibilidades del usuario son más limitadas.

GOMAESPUMA RECOMIENDA: En Chatmanía (**http://ciudadfutura.com/chatmania/**) encontrarás un sencillo manual con el que podrás ponerte al día sobre el mundo del chat. Además de definiciones y explicaciones, cuenta con consejos útiles para los más novatos. También podrás encontrar listas de chats, información sobre los programas necesarios, servidores...

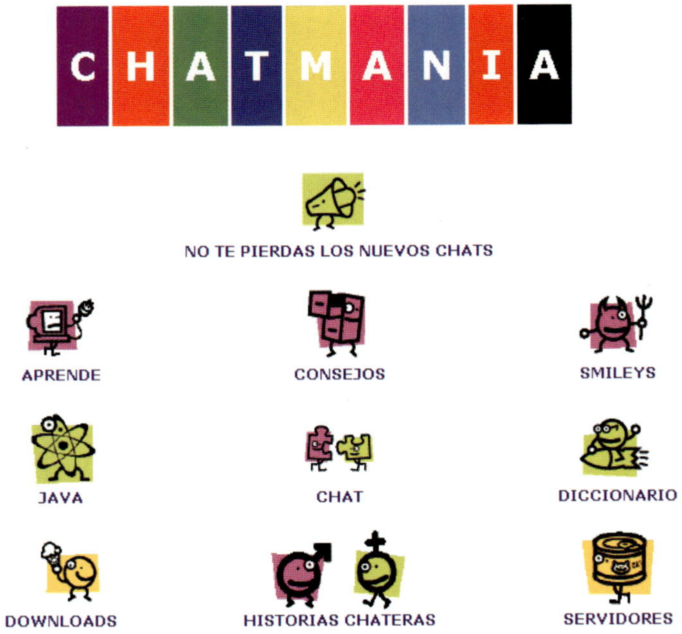

¿Cómo debo instalar y configurar el mIRC?

1) Clickea dos veces sobre el fichero que has transferido al disco duro. No te preocupes porque el proceso de instalación es automático.

2) Ahora haz clic sobre el icono del programa.

3) En "Fichero/Opciones" abre la ventana mIRC "Opciones".

4) Elige un servidor de IRC.

5) Rellena con el nombre real del usuario y con su dirección electrónica.

6) Escribe un *nickname* o apodo, si es así como quieres presentarte a tus contertulios.

7) Una vez configurado el programa cliente, bastará con conectarte al servidor de la red elegida.

8) Ahora debes seleccionar una zona de charla o canal. El comando *"/list"* te muestra todos los canales de una red IRC. (Puedes guardar todos aquellos canales que te resulten más atractivos en una carpeta de "Favoritos". Para ello clickea con el botón derecho del ratón sobre el canal y selecciona la opción "Añadir a carpeta").

9) Si quieres acceder a un canal, clikea dos veces sobre su nombre. Para salir de él, únicamente debes cerrar la ventana.

Las conversaciones en los canales de IRC las puede leer cualquier usuario que se encuentre en ese canal, aunque también existe la posibilidad de hacerlas privadas entre dos usuarios. Para ello, deberás utilizar el comando *"/query"* seguido del apodo o *nickname* al empezar. Por ejemplo "/query Fofo". Automáticamente comprobarás que se abre una ventana nueva titulada de la misma forma, en la cual podrás chatear manteniendo tu privacidad.

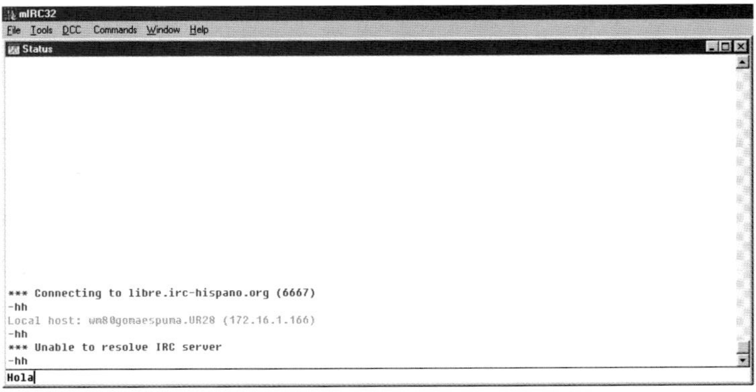

Capítulo XX:
Acceso a un canal

¿Cómo accedo a un canal?

Nada más entrar en el servidor de IRC, recibirás el *"Message of the day"* (MOTD), a través del cual el servidor te da la bienvenida y te explica las normas que deberás respetar durante la conexión.

1) El primer paso que debes dar para acceder a un canal es obtener un listado de canales. Clikeando en el comando *"/list"* podrás obtener una muestra de todos los canales de una red IRC.

2) Selecciona los canales que te resulten más interesantes en una carpeta de favoritos. El procedimiento es el siguiente: pulsar el botón derecho del ratón sobre el nombre del canal y pinchar la opción "Añadir a carpeta".

3) Para acceder a un canal haz doble clic sobre el nombre de este. Ya estás dentro.

4) Si quieres salir, sólo tienes que cerrar la ventana.

Capítulo XXI:
Creación de páginas web

¿Cómo puedo conseguir mi propia página web?

Para confeccionar tu propia página web lo primero que hay que hacer es conocer el lenjuaje HTML *(Hypertex Markup Language),* el lenguaje de marcación "Hipertexto". Se utiliza para mostrar documentos en W3 y es el lenguaje empleado para crear estos textos. Los archivos que contienen documentos hipertexto poseen la extensión *.html,* aunque cambia a *.htm* cuando se trabaja en el entorno DOS y en Windows. Para preparar algo más elaborado que un simple texto se necesita un editor de HTML. Una vez que se tiene preparado el documento en ese lenguaje necesitas transferirlo a tu propio espacio web. Muchos portales te ceden espacio para que crees tu propia página web al darte de alta.

Aquí tienes algunas direcciones donde encontrar editores de HTML:

—FrontPage: **http://www.microsoft.com/downloads/**

—Composer: **http://www.netscape.com/download/**

—Aracnophilia: **http://www.arachnoid.com/**

—Dreamweaver: **http://www.macromedia.com/software/dreamweaver/trial/**

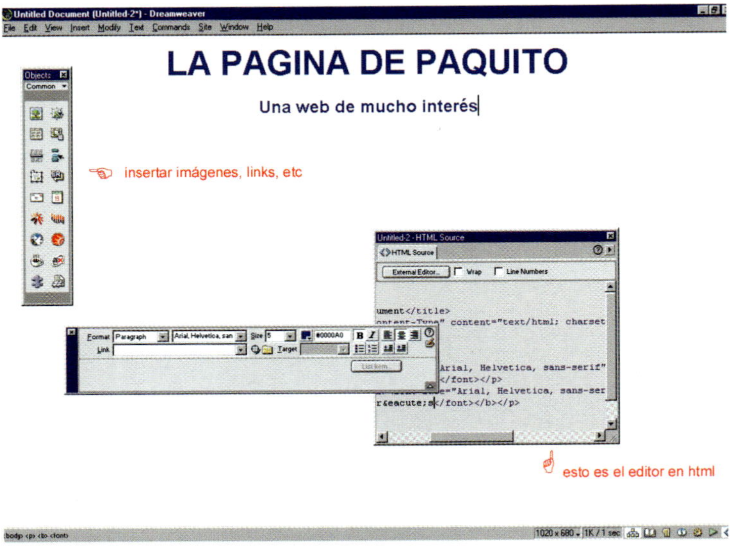

Una alternativa a los editores de HTML son los sitios web que ofrecen programas en línea para construir páginas personales. Pero además de herramientas sencillas para construir páginas, estos sitios suelen ofrecer un espacio para alojarlas de forma gratuita. Otra alternativa es hacer las páginas a mano, fotocopiarlas y repartirlas por los buzones.

Pues bien. Una vez que la página está construida hay que alojarla en un servidor web. Para ello es necesario utilizar un programa FTP (Protocolo de Transferencia de ficheros o archivos). La mayoría de las grandes compañías de software disponen de servidores FTP desde donde descargar todo tipo de ficheros, actualizaciones y documentos técnicos. El procedimiento para llegar hasta un servidor FTP es prácticamente el mismo que el utilizado para acceder a una página web, aunque hay que cambiar las siglas HTTP por FTP. En todos los servidores FTP hay unos ficheros llamados *Readme* o *Dirmap* (Léeme), donde se puede consultar la lista de archivos. Una vez aclarado todo esto, te ofrecemos todos los pasos a seguir para alojar la página construida en un servidor web:

1) Selecciona los directorios que contienen los archivos web en el disco duro. (Si has incluido imágenes también debes seleccionarlas).

2) Indica en qué directorio del servidor web deben alojarse.

3) Ahora el programa transferirá los archivos al servidor, donde podrán ser vistos por los usuarios conectados a la World Wide Web.

Capítulo XXII:
'Home-page' y 'web site'

¿Qué son home-page *y* web site?

La *home-page* es la portada de la Web, el punto de entrada a las informaciones y servicios que ofrece la Web.

Un *web site* es el conjunto de páginas web que tratan de un mismo tema y pertenecen a la misma persona o compañía.

Capítulo XXIII: Direcciones en la Web

¿Cómo leer una dirección en la Web?

Las direcciones de una web son conocidas formalmente como URL *(Uniform Resource Locator).* Es un sistema unificado de identificación de recursos en la Red. Las direcciones se componen de un protocolo. El tipo de protocolo utilizado para acceder al servidor WWW siempre precede a los dos puntos. Los datos después de estos dos puntos indican información más específica. Las dos barras inclinadas (//) indican que lo que viene a continuación es una dirección de *host* válida de Internet, que puede ser o bien texto, o bien la dirección IP de cualquiera de ellos. Es el FQDN (Nombre de dominio totalmente cualificado). Le sigue el subdirectorio o archivo que se va a recuperar.

Una regla de oro a la hora de escribir las direcciones de WWW es hacerlo siempre respetando mayúsculas y minúsculas. También hay que tener especial cuidado con la puntuación y los espacios. Los caracteres que componen la dirección van siempre seguidos, separados únicamente por barras o puntos.

TRUCO: no te lo vas a creer, pero no es necesario escribir http:// en el navegador. Simplemente escribe la dirección, pulsa "Intro" y... ¡milagro! El navegador añade él solito http://.

Capítulo XXIV:
Transferencia de ficheros o FTP*

Si necesitas adquirir la última versión de tu programa de navegación, la demostración de otro que quizás deseas comprar o hacerte con el último juego de éxito, podrás conseguirlo directa y rápidamente a través de la Red con la Transferencia de Ficheros (FTP-Protocolo de Transferencia de Ficheros). Esta fue una de las primeras herramientas utilizadas en Internet, muy anterior a la aparición de la World Wide Web.

La mayoría de las grandes compañías de software disponen de servidores FTP desde donde descargar todo tipo de ficheros, actualizaciones y documentos técnicos hasta el ordenador personal. Cuando quieras descargar un fichero deberás seguir un protocolo, es decir, unas cuantas reglas que te permitirán hacerlo correctamente. Existen dos tipos de acceso para encontrar servidores FTP:

*FTP: también conocido como Federico Toronja Ponce.

—FTP autentificado: el usuario dispone de una cuenta personal en el servidor remoto. Sólo podrás tener acceso a aquellos ficheros para los que tienes permiso.

—FTP anónimo: podrás obtener información y bajarte archivos públicos puestos a disposición de cualquier usuario. Tan sencillo como llegar hasta el servidor y elegir los archivos de interés.

Para llegar a un servidor FTP el procedimiento es básicamente el mismo que el utilizado para acceder a una página web. Sólo tienes que cambiar las siglas HTTP por FTP. La presentación de un servidor FTP es muy parecida a la del programa Explorer de Windows. Pulsando sobre las carpetas se accede a los diferentes directorios y haciendo clic sobre los ficheros comienza la descarga. Sin embargo, para realizar descargas con frecuencia o buscar archivos específicos es conveniente contar con un programa FTP.

La transferencia de ficheros debe hacerse teniendo en cuenta el tipo de fichero que deseamos descargar. De todas formas, los actuales programas de FTP detectan qué tipo de descarga se va a realizar, por lo que utilizan el modo más adecuado en cada momento.

—Modo binario: se transfiere bit a bit. Se obtiene una réplica exacta del fichero fuente, aunque puede ser inútil para el ordenador destino si ambos tienen distinto sistema operativo.

—Modo ASCII: indicado para la transferencia de textos. Al ordenador destino llegan los mismos caracteres que había en el ordenador fuente.

Entre los programas existentes para realizar FTP los que más se utilizan son CuteFTP y SmartFTP. Los encontrarás en las siguientes direcciones de Internet:

—http://www.cuteftp.com: ocupa aproximadamente 1,2 megabytes y tarda en descargarse unos cinco minutos con un módem de 28.800 bits por segundo. Se instala de una forma tradicional, es decir, mediante un instalador una vez descargado el programa en el disco duro. Se puede evaluar durante un tiempo su utilidad antes de decidir su compra.

—**http://www.smartftp.com**: ocupa 277 kilobytes y tarda en descargarse un minuto con un módem de 28.800 bits por segundo. Se instala a través de la Red detectando los componentes ya instalados en el ordenador, para instalar sólo lo que falta. Es gratuito. Ambos disponen de herramientas de búsqueda de archivos. Incluso el CuteFTP dispone de un buscador específico para encontrar ficheros de formato MP3. Pero además de descargar archivos pueden "subir" archivos a la Red. De este modo el usuario puede enviar archivos desde su ordenador al servidor remoto y publicar sus propias páginas en la Red. Para poner en marcha este proceso necesitarás un nombre de usuario y una contraseña.

Lo primero que debes hacer es introducir en cualquiera de estos dos programas el nombre del software deseado y pulsar *"Search"*. Con ello, obtendrás una lista de los programas que podrás descargar. Una vez seleccionado aparecerá un resumen donde se hace una descripción del programa, la versión, el tamaño y el tiempo aproximado de descarga. En este momento podrás comenzar tu descarga de software.

Cuando se hace clic sobre un enlace para descargar un archivo hasta tu ordenador personal, el ordenador te preguntará si deseas guardarlo en el disco duro o ejecutar el programa desde Internet. Si quieres un consejo, guárdalo en el disco duro. Controlarás mejor su almacenaje.

Si el archivo que te has bajado de la Red no cumple las expectativas esperadas, para eliminarlo no bastará con que lo arrastres hasta la "Papelera de reciclaje". Deberás acudir al panel de control y utilizar la opción "Agregar o quitar programas". Muchos de ellos tienen su propio "desinstalador".

TRUCO: después de pelar un ajo pon los dedos bajo el chorro de agua fría sin frotarlos. El olor se va inmediatamente.
Siempre viene bien que tengas un programa de descarga por si estás bajando un fichero y quieres recuperar el archivo desde el punto en que se quedó. Otro buen consejo es que no te emociones y bajes todo lo que encuentres en la Red por fantástico que te parezca. Llenarás tu disco duro y luego a ver quién es el guapo que lo limpia.

GOMAESPUMA RECOMIENDA: bajar un archivo de una página web puede ser una auténtica aventura. Cuando las líneas están saturadas, el servidor no responde o la velocidad del módem es lenta, el tiempo de bajada de un fichero puede llegar a ser inaceptable. No desesperes. Existe una aplicación que permite acelerar este proceso. Windownload es un programa *shareware* que puede ser adquirido a través de Internet. Esto significa que el usuario tiene derecho a probar el producto antes de abonar una pequeña cantidad para poder utilizarlo íntegramente. Después de bajar el programa desde esta dirección **www.manson.gmu.edu** dispondrás de 19 días para probarlo. Después, deberás registrarte previo pago de 20 dólares (unas 3.000 pesetas). La función principal del Windownload es programar la bajada de ficheros para que se ejecute cuando quieras. Las líneas están menos saturadas de 4:00 a 8:00 de la mañana y el precio de las llamadas es más reducido en esta franja horaria. Puedes activar tu módem por la noche, obtener el fichero deseado y, posteriormente, colgar la línea, sin necesidad de estar pendiente del ordenador. Otra opción muy interesante es la recepción de ficheros por bloques: cuando se descarga un fichero de tamaño considerable, es posible que se interrumpa la comunicación. Esta opción permite bajar el fichero en varias sesiones sin necesidad de empezar desde el principio cada vez que te conectas.

Capítulo XXV: Direcciones interesantes de software en Internet

Con la emoción, ahora estarás dispuesto a descargar todo lo que encuentres a tu paso mientras navegas por la Red. Mucha atención porque no todo el software que se encuentra en Internet es gratuito y muchos programas dejan archivos temporales en el disco duro, por lo que es recomendable echar un vistazo de vez en cuando para ahorrar espacio o algún susto que otro. Además el FTP es la forma más sencilla de transferir virus creados específicamente para estos menesteres.

Las grandes compañías de software ponen a disposición de todos los usuarios de Internet sus actualizaciones, *drivers,* páginas personales donde ofrecen sus nuevas creaciones, webs específicas con programas para descargar... Como te hemos comentado, no todo el software al que puedes acceder te lo puedes bajar por la cara. Hay varios tipos:

—Los programas *freeware:* son de dominio público, es decir, su creador lo pone a disposición del usuario de forma gratuita.

—Las aplicaciones de *shareware:* se pueden evaluar y probar durante un tiempo para decidir si los compras o no.

—Las *demos:* son versiones de programas que no puedes imprimir ni guardar o que caducan pasado un tiempo.

—El *postalware:* puedes bajarlo hasta tu ordenador siempre que mandes una postal al autor del programa.

—El *mailware:* cuando lo bajes debes enviar un e-mail de agradecimiento.

Las direcciones más interesantes a la hora de descargar software son:

—**http://www.tucows.com**: está especializada en Internet. Aquí podrás encontrar software de todo tipo y además se ofrecen aplicaciones para todos los sistemas operativos. Lo sentimos, también es en inglés.

—**http://www.shareware.com**: es la web que más variedad reúne, con más de 25.000 referencias diferentes. Dispone de una enorme sección para ordenadores Macintosh. La desventaja es que es en inglés.

—**http://www.freeware.com**: los programas que encontrarás aquí son en su mayoría gratuitos, por lo que no ofrecen *shareware* ni *demos.* En inglés.

—**http://espasoft.kaos.es**: ¡¡¡enhorabuena!!! Aquí encontrarás cientos de programas en castellano.

—**http://www.shareware.intercom.es**: ídem.

Capítulo XXVI: La música en la Red, lo mismo lenta que ye-yé

Los amantes de la música han encontrado en Internet un auténtico oasis de abundancia. El formato MP3 permite comprimir ficheros de sonido de gran calidad, que luego pueden ser reproducidos en el propio PC. Gracias al MP3 podrás disponer en el momento de varios miles de canciones, podrás construirte tus propias listas de temas y formar parte de la mayor comunidad musical de la Red. La música en este formato ocupa poco espacio y facilita su distribución en Internet. Para que te hagas una idea, una canción que ocuparía 40 MB se puede quedar en 4 MB al convertirla en MP3. El éxito del MP3 ha llevado a que existan miles de servidores que alojan música en este formato, buena parte de ella ilegal. Uno de los buscadores de archivos MP3 más utilizados es AudioGalaxy, que ha ido ganando adeptos debido a la gran cantidad de información que ofrece.

www.audiogalaxy.com efectúa búsquedas tanto por nombres de canciones como por autores o grupos. Basta con introducir en la casilla de búsqueda las palabras adecuadas para luego obtener una página con los resultados más aproximados. Cada búsqueda informa al internauta de las probabilidades —en tanto por ciento— de que la web donde se aloja el MP3 esté abierta, así como del *ratio,* número de MP3 que hay que subir al servidor para que permita descargar uno. Una vez seleccionado el servidor deseado, sólo falta pinchar en la canción que se desea descargar. Algunos otros buscadores y sitios donde descargar archivos MP3 en Internet son:

http://www.hitsquad.com: es uno de los mejores puntos de partida para buscar información relacionada con el sonido en la Red.

http://www.mp3.com: la fuente de archivos MP3 más visitada por los internautas.

http://www.top-mp3-music.com: podrás acceder a una lista de webs de MP3 que se suele actualizar de forma constante.

http://www.weblisten.com: este es el sitio más importante de descarga de archivos MP3 en España.

http://www.mp3boot.com.

http://www.mp3zone.com.

Por otra parte, la comunidad de música en formato MP3 más grande de Europa, Vitaminic, llegará a España en octubre. La presencia de Vitaminic en nuestro país obedece a los objetivos fundamentales de esta compañía:

—Convertirse en la mayor fuente de archivos MP3 de todo el mundo.

—Constituirse en una comunidad cualificada de oyentes, intérpretes y promotores con la música como nexo.

La compañía ofrece a los autores inéditos la posibilidad de que su música se escuche sin tener que pasar por el proceso de selección de las discográficas y los costes de distribución. Para ello, pone a sus disposición un espacio web gratuito en el que los grupos noveles y los sellos discográficos puden promocionar y vender su música.

Por si fuera poco, el MP3 da una nueva vuelta de tuerca a la industria discográfica con NapAmp, un *plug-in* que está causando auténtico furor entre los internautas aficionados al MP3. NapAmp es el nombre de este pequeño añadido de sólo 70 Kb que se adquiere de forma gratuita y que se instala en el popular reproductor de MP3 Winamp. Permite realizar búsquedas de temas en MP3 como si del Napster se tratara.

TRUCO: la ventaja del MP3 es que elimina las frecuencias de onda que el oído no capta y así consigue comprimir los archivos de audio.
Como el MP3 es un pedazo de invento existen varios fabricantes que le han dado un cuerpo independiente y puedes escuchar tus canciones favoritas en el autobús. Rio fue el primero. Incluso Sony ha sacado sus propios reproductores (sorprendentemente parecidos a un walkman) MP3. Como te puedes imaginar se conectan a tu PC para recibir los ficheros y eres tú quien creas tu propia selección.

TRUCO: para descargar de la Red ficheros de sonido lo mejor es utilizar Napster 2.0 que está en la dirección **www.napster.com**, donde compartes tus MP3 con cientos de miles de usuarios. Tienes más de 900.000 títulos a elegir. Otra aplicación que puede resultarte la mar de útil es el WinAmp 2.61 que está en la dirección **www.winamp.com**.

Napster es un programa que permite el intercambio de ficheros MP3, dejando de lado los servidores tradicionales y haciendo que sean los ordenadores de los internautas los propios servidores, asegurando así que los MP3 encontrados son los que se pueden bajar.

Con el nacimiento de NapAmp se pueden realizar búsquedas en los servidores de Napster sin tener que utilizar este programa. Es un pequeño programa que se instala como una opción más de Winamp. Desplegando su menú principal aparecerá bajo la opción *"Search"*. El único requisito que exige es contar con un nombre de usuario de Napster, por lo que el usuario ha de descargar este programa, ejecutarlo al menos una vez y finalmente darse de alta con un nombre y una contraseña.

GOMAESPUMA RECOMIENDA: para pelar tomates es mejor meterlos en agua hirviendo. Pínchalos con un tenedor y ponlos debajo del agua fría. Espera..., espera..., que se pelan solos.

Vitaminic distribuirá y venderá a través de la Red miles de temas clasificados en más de 150 géneros mediante descarga autorizada o bien a través de la grabación directa en CD. Los beneficios de la venta se repartirán al 50% entre el artista y la compañía.

GOMAESPUMA RECOMIENDA: agrega un par de altavoces con buenos bajos si quieres obtener un sonido "de cine". Además, un lector de discos DVD en lugar del CD-ROM te dará posibilidad de convertir tu computadora en un televisor. Finalmente, si deseas grabar discos compactos de música, tienes que agregar una grabadora CD-R o CD-RW. Un aparato CD-R te permitirá grabar y leer discos compactos de música o de datos. La diferencia está en que en un CD-RW, un disco puede ser regrabado múltiples veces. La mayoría de las grabadoras CD-RW aceptan discos CD-RW, CD-R y discos CD-ROM comunes.

Capítulo XXVII:
Comprar en la Red, pero poco, que te lías, te lías y luego vienen los disgustos

Los expertos aseguran que el futuro del comercio pasa por la venta a través de la Red. En la actualidad esta innovadora vía comercial ofrece una gran fiabilidad, además de ser útil y muy cómoda. Cuando visitas una *cibertienda* lo primero que ves es un gran escaparate donde se exponen los productos a la venta. Aquí se incluye generalmente un apartado dedicado a la seguridad de la página, en el que se explican al navegante las condiciones del servicio y se facilita un teléfono o dirección electrónica para resolver posibles dudas o problemas. Un buscador te ayudará a encontrar los productos deseados.

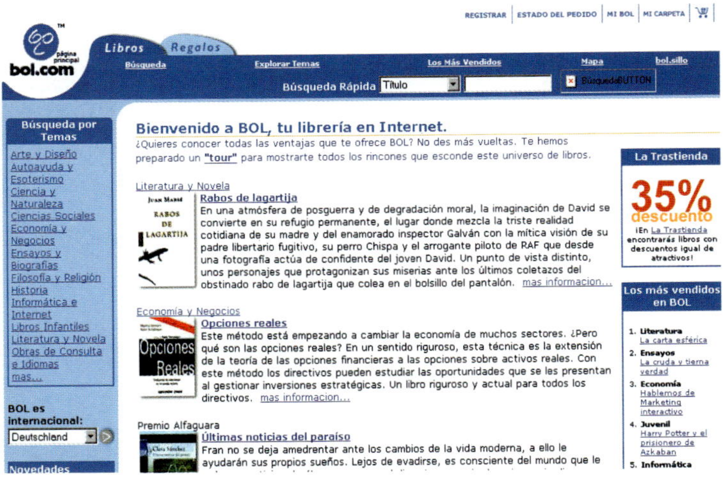

En la segunda sección, el almacén, el comprador personaliza su pedido. Aquí tienes información sobre el producto elegido. Si sólo quieres una cosa, bastará con que pinches en el recuadro "Comprar". Si quieres más productos elige la opción "Añadir a bolsa de la compra" o cualquier icono similar.

Por último, en la tercera sección, la caja, se cobra el producto elegido. Si es la primera vez que compras en esa tienda, deberás rellenar un formulario en el que te preguntan tu nombre completo y DNI, dirección y número de teléfono. También solicitan la dirección de tu correo electrónico y te dan a elegir una contraseña, que servirá para evitar toda esta burocracia en las próximas compras. Al final del formulario te preguntarán si deseas recibir mediante correo electrónico información o publicidad de la tienda.

CONSEJO: si no te interesa recibir e-mails a todas horas, lo mejor que puedes hacer es borrar la marca que autoriza la recepción de publicidad. Aún así, serás bombardeado con numerosos mensajes sobre el estado del pedido y también de agradecimiento por tu compra.

A lo que vamos. Una vez rellenado el formulario, la tienda te pedirá la confirmación sobre los productos seleccionados y te refrescará la memoria acerca del importe total de tu compra (más gastos de envío). A continuación deberás escoger la forma de pago: tarjeta de crédito o contra reembolso (lo que te ahorrará dar tus datos bancarios).

¡*Voilá!* Tu compra está hecha. Para saber si la transacción es segura tienes que fijarte si después de coger el producto y pinchar la opción "Comprar" aparece en la pantalla un icono en forma de candado o llave (dependiendo del navegador) y una "s" tras el HTTP de la dirección electrónica de la página. Esto indica que la información transmitida por la red está codificada, lo que garantiza que terceras personas no tendrán acceso a ella.

Pero no te preocupes. En la actualidad, para evitar el riesgo de que un pirata informático entre en las bases de datos de las *cibertiendas* y acceda a la información, las páginas importantes tienen bases de datos prácticamente inexpugnables.

Legislación: según la Ley Orgánica de Regulación del Tratamiento Autorizado de los Datos de Carácter Personal, de 29 de octubre de 1992, y otras normativas concordantes vigentes en España, como la Ley Orgánica de Protección de Datos de Carácter Personal, de 13 de diciembre de 1999, el internauta puede ejecutar los derechos de acceso, ratificación o cancelación de los datos contenidos en estos ficheros, por lo menos en las páginas que funcionan desde nuestro país, mientras que se obliga a las tiendas a mantener la confidencialidad.

GOMAESPUMA RECOMIENDA: restaurante sidrería Sagardi en Las Rozas, Madrid. Teléfono para reservas: 91 640 31 66 ¡Buen provecho!

Mucho ¡¡¡OJO!!! Todos los productos solicitados, una vez entregados, deberán incluir una factura o, en su defecto, un comprobante de compra, de gran utilidad para posibles reclamaciones. En caso de que al cliente se le carge una compra no efectuada, deberá llamar a su banco y pedir explicaciones del pago en cuestión. El banco se encargará de todas las gestiones, tiene que ponerse en contacto con quien ha pasado el recibo y pedir una justificación. Al no existir una firma de autorización propiamente dicha, no suele darse ningún problema. Siempre se suele devolver el dinero.

Capítulo XXVIII:
Lo más "in": telefonía IP

Si creías que te lo habíamos contado todo, estás muy equivocado. Aún hay más. Se llama telefonía IP. Consiste en llamar por teléfono a través de la Red para abaratar el coste, cosa que, te aseguro, se agradece a fin de mes. La telefonía IP *(Internet Protocol)* transforma la voz en una señal digital basada en el protocolo de Internet, valga la redundancia. Esta señal no viaja por la Red de forma conjunta, sino que se descompone en pequeños paquetes de información que viajan por separado, alcanzando su destino de manera independiente. ¿Y cómo es esto? Bien sencillo. Cada paquete de información posee una cabecera donde se encuentra el destino codificado. Cuando llegan a la meta, los paquetes se reagrupan y se transforman de nuevo en voz a través de la red telefónica normal.

Peoplecall es la primera compañía en nuestro país que hoy por hoy pone al alcance de tu mano la telefonía IP. En septiembre de 1999 se produce su nacimiento, impulsado por los tres fundadores de El Systems. Tras lanzar al mercado sus productos en junio de este año 2000 sorprende con una tarifa especial "España Uno" que unifica las llamadas locales, provinciales e interprovinciales bajo una tarifa única en el mercado: 1 peseta/minuto. Ese mismo mes se comienzan a regalar los primeros *People Phone*, un teléfono universal para Internet que comercializan de forma exclusiva.

A partir de entonces, el cliente podrá contratar en línea el servicio desde la página web de la compañía: **www.peoplecall.com**. El contrato entra en vigor a partir de que reciba en su casa un auricular de teléfono acoplable al ordenador, desde el que inicialmente hará la llamada. La factura siempre estará en línea y será consultable por el cliente. El sistema además permite una política inédita de promociones, como regalar a los clientes cierto tiempo de conexión —que dicho sea de paso, nunca viene mal—.

Las primeras tarifas que baraja la empresa son diferentes dependiendo del destino de la llamada. Para Europa, por ejemplo, las más baratas son las dirigidas a Suecia (unas 5,80 pesetas/minuto) y las más caras, las destinadas a Portugal (unas 12 pesetas/minuto). En Sudamérica, llamar a Puerto Rico te puede salir por unas 7,30 pesetas/minuto, y hacerlo a Uruguay, unas 56,30 pesetas/minuto. Las llamadas a Estados Unidos rondan las 7 pelas por minuto —una peseta menos, 6, a Canadá—.

Seguimos viajando por la geografía mundial y hacemos el más difícil todavía. ¿Familia en las antípodas? Por 7,50 pesetas/minuto podrás llamar al otro lado del planeta. En Asia, una llamada a Hong Kong costará unas 8,50 pesetas/minuto y a Tailandia subirá hasta las 48,90 pesetas/minuto.

Capítulo XXIX:
Consejos prácticos
¡¡¡Socorro!!! Ayúdenme por Dios, por Dios, que está el tema fatal

¿Estoy perseguido en la Red?

Has metido la pata... tu inexperiencia y desconocimiento de las normas que rigen la comunicación entre internautas ha provocado que te conviertas en una persona *non grata* y perseguida en la Red por aquellos que desconocen la palabra clemencia. ¿Qué hacer...? Has recibido e-mails hostiles a tus primeros comentarios en un *newsgroup,* una plaga de mensajes, no precisamente agradables inundan tu buzón de correo electrónico, no eres bienvenido, a las pruebas te remites y quieres tirar la toalla. ¡ESO NO! Sería lo último. Un consejo para empezar: ignóralos. De los errores se aprende y tú has cometido el primero, y si eres lo suficientemente listo, el último. Antes de presionar el ratón para enviar un mensaje, piénsatelo dos veces. Aunque este vaya dirigido a una única persona, no hay nada más fácil en Internet que copiar y reenviar el texto a cuantas personas se desee. Incluso hacerlo público y accesible a todos. Si tienes un problema personal con algún colega de Red, sé precavido. Cuidado con los mensajes que envías, y si lo haces, sé cauto. Cuando la cosa se complique, lávate las manos y pásale la pelota a tu proveedor de acceso a la Red que se pondrá en contacto con tu enemigo e intentará calmar las aguas.

¿Qué hacer si los niños pequeños descubren en la Red pornografía o textos que incitan al consumo de drogas?

Aunque en la Red hay cantidad de programas censores de este tipo de material, como siempre hay quien va por delante y consigue burlar el control colando información que podría levantar ampollas entre los más "progres", por no hablar de lo que produce en los más mojigatos.

Mientras un 97% de los padres recomienda el uso de Internet en los colegios, los hay que, sin embargo, no permiten a sus hijos navegar en casa para evitar el acceso a contenidos violentos o pornográficos. En realidad, para controlar la navegación de los más pequeños, lo más sencillo es utilizar un programa filtro que limite el tiempo de conexión y los contenidos accesibles. De esta forma solucionas dos problemas: las visiones indeseadas y que la factura del teléfono se dispare. La utilidad de Internet en la educación es para muchos incuestionable. En la Red los niños pueden encontrar de todo: enciclopedias, obras de consulta, música, juegos, nuevos amigos... e incluso puede ser un buen medio para aprender idiomas.

¿Cuál es el riesgo de guardar información confidencial en la Red?

Puedes tener mala suerte y causar especial impacto en alguien que tenga ganas y tiempo suficiente para hacer de Sherlock Holmes e indagar entre tus archivos personales, bien por simple curiosidad, bien por razones un poco más macabras. Aunque existe un fuerte sistema de protección en la Red, también existe la posibilidad de que alguien lo rompa. De todas formas es más sencillo irrumpir en un domicilio particular que en los archivos de un PC si estos están protegidos. Normalmente para acceder a las páginas web más profesionales necesitas una especie de clave que te identifica como usuario. La hora de acceso, los lugares consultados y tu identidad quedan registrados como medida de precaución ante las actuaciones de los intrusos.

¿Cómo debo guardar direcciones en la carpeta de Favoritos?

Al tiempo que navegas por Internet, hay una serie de sitios web que utilizas habitualmente y que para facilitarte el acceso deberás agregar en una lista de "Favoritos" que tanto el Explorer como el Navigator incluyen *(Favorites* y *Bookmarks* respectivamente). Para añadir una dirección web a esta lista lo único que debes hacer es utilizar las opciones "Agregar" o "Añadir" que figuran en los menús "Favoritos" o "Marcadores". Otra opción es agrupar estas direcciones en apartados mediante las pestañas "Organizar" o "Editar", dependiendo del navegador que se use.

¿Qué hacer ante los virus y los "emilios" peligrosos?

Un virus es un programa informático que se adhiere a otros programas para realizar en ellos una serie de modificaciones. Existen varios tipos de virus:

—Virus de fichero. Su método de trabajo consiste en copiar su código a un fichero sin infectar. Una vez que el usuario ejecuta el fichero, el primero que se pone en marcha es el virus informático. La principal vía de contagio es la recepción de programas infectados que siempre que no se ejecuten se pueden copiar, mover o eliminar sin peligro alguno. Uno de los virus de fichero más fastidiosos es el CIH, que infecta los ficheros *.exe* y que cada 26 de abril formatea el disco duro y trata de inutilizar la Flash BIOS, un componente de hardware de nuestro ordenador.

—Virus de macro. Las macros son pequeñas secuencias de instrucciones ideadas para automatizar una serie de procesos en programas como las hojas de cálculo o los procesadores de texto. Los virus de macro son conjuntos de una o varias porciones de estos códigos cuyo objetivo es adherirse a los documentos que maneja el usuario en función de la operación que el programador del virus haya elegido (apertura, cierre...). De esta forma, infectan todo tipo de ficheros (Word, Excel, Access...). Se propaga a través de documentos u hojas de cálculo infectadas. Uno de los más conocidos es "Lady Di", que el día 31 de cada mes muestra en la pantalla la letra de la canción de Elton John*C,andle in the wind,* que el cantante dedicó a la malograda princesa de Gales.

—Virus de *script.* Son programas similares a las macros, con la diferencia de que no trabajan dentro de una aplicación sino en el propio sistema operativo. Se limitan a buscar ficheros no infectados y a copiar su código al principio de los mismos. Su mayor amenaza es la capacidad que tienen de infectar páginas web de formato HTML. Su vía de propagación es a través de programas de correo como Outlook Express o clientes de IRC como mIRC o PIRCH. Entre los virus *script* más conocidos se encuentran: Bubbleboy, Freelinks, Monopoly o The Fly.

Lo cierto es que es más fácil que en tu PC entre un virus por intercambio de disquetes entre amigos o por las distintas gestiones que realizas cada día en tu lugar de trabajo que a través de la Red. Existe un chequeador o detector de virus en Internet que regularmente limpia de indeseables todos los archivos a los que se puede acceder. Todavía es más impensable el contagio por bajar documentos o programas de sitios acreditados. Hay sistemas que alertan de la presencia de virus y bloquean el acceso del ordenador hasta que el sitio quede limpio. No obstante, hay dos áreas de riesgo por donde pueden circular documentos infectados con mayor facilidad. Por un lado, los programas de salida y llegada utilizados por *newsgroups* de Usenet y por otro los programas de envío de e-mails. Hay que ser especialmente precavido con los documentos de Microsoft Word y Excel.

CONSEJO: procura no fiarte de desconocidos. Mucha precaución con los mensajes recibidos y ante la menor sospecha no los abras. Envíalos a la siguiente dirección: **http://kumite.com/myths/**. Si recibes un e-mail bajo el nombre Happy99.exe, cuidado porque es un virus del tipo "gusano". Para aclarar todas tus dudas sobre el tema puedes consultar en las siguientes direcciones:
http://www.symantec.com/avcenter/
http://academy.star.co.uk/public/virustats.htm

Hay dos reglas de oro para evitar contagios de virus desde la Red:

—No descargar programas pirateados. Además de irte a la cama más tranquilo por las implicaciones morales y éticas que el pirateo implica, evitarás los disgustos y quebraderos de cabeza que todo virus ocasiona.

—Escanear con el antivirus todas las descargas antes y después de ejecutarlas, ya sean ficheros ejecutables o documentos.

Otras recomendaciones útiles son:

—Evitar la lectura de grupos de noticias *underground.*

—No descargar software pirateado y desconfiar de los ofertones de software.

—Rechazar los ficheros adjuntos no solicitados en los e-mails.

¿Y si me amenazan los i-worms*?*

Entre los virus de última generación destacan los *i-worms (Internet worms)* que se han consolidado como uno de los medios de contagio más peligrosos y fastidiosos, debido al modo en que trabajan, aunque son fáciles de evitar.

Si hacemos un poco de memoria, el primer *i-worm* fue Happy99 distribuido en enero de 1999, que llegó a miles de usuarios por e-mail en forma de programa que mostraba fuegos artificiales para festejar la llegada del nuevo año. Desde entonces, los *i-worms* han irrumpido cada vez con más frecuencia en la vida del internauta provocando infecciones masivas en pocos días a partir de su fecha de propagación por las redes.

Los *i-worms* se propagan como los "gusanos" a través de las redes y, como los virus, son capaces de modificar ficheros. Son programas que llegan al ordenador en forma de fichero adjunto a un e-mail y que dan el cante de una forma u otra para que el internauta pique y los ejecute.

> CONSEJO: no ejecutes nunca los ficheros adjuntos no solicitados en mensajes recibidos por correo o por medio de cualquier grupo de noticias.

¿Qué son los virus de última generación?

Blueman es el nombre de un supuesto virus de esos que en teoría se propagan por correo electrónico. El mensaje que contiene la advertencia, incluye una falsa cita firmada por un inexistente empleado de McAfee, afirmando que el virus borrará el disco duro en un plazo de 20 días y que no se puede hacer nada salvo desconectar el ordenador. Para evitarte problemas no se te ocurra ejecutar el mensaje. Ignóralo y si quieres saber más de él infórmate en **www.nai.com**.

BackDoor es un virus de reciente aparición que cuenta ya con tres variantes y cinco nombres diferentes, con lo que se multiplican los riesgos. La última mutación descubierta es *BackDoor-G2.svr.21,* que se añade a las anteriores: *BackDoor-G2, BackDoor-G2.gen, BackDoor-G2.svr.20* y *SubSeven v2.1 Gold.* Se trata de un "Caballo de Troya" que ofrece el acceso habitual a los archivos y datos del usuario a través de Internet. Su distribución es vía correo electrónico a través de un archivo adjunto que puede estar disfrazado como *.bmp, .doc, .exe* o cualquier otra extensión. El nombre del archivo adjunto también es variable porque el dichoso virus contiene un programa de configuración que altera todos estos datos a medida que se extiende, con lo cual resulta muy difícil seguirle el rastro.

Todo ello conlleva a que su detección manual sea complicada. Sólo un buen antivirus actualizado podría localizar y eliminar los archivos que componen el programa. Algunos de los síntomas más visibles son cuadros de diálogo inexplicables y pulsaciones de teclas introducidas sin interacción del usuario.

Un "Caballo de Troya" (llamado también "troyano") se dedica a robar contraseñas, destruir información o sustraer datos confidenciales del usuario que sufre sus consecuencias. Los primeros "troyanos" se limitaban a venderse como utilidades del sistema o pequeñas herramientas para piratear aplicaciones comerciales. Actualmente, se han convertido en auténticos *kits* de control remoto de los ordenadores afectados. El origen de todo ello se remonta a la aparición de NetBus, un programa diseñado, en principio, para administradores de Red. Una vez instalado en un ordenador conectado a la Red permite el acceso remoto de su dueño a todo el sistema. La herramienta empezó a ser instalada por *hackers* a miles de ordenadores de internautas para poder acceder a sus datos sin permiso. Con el paso del tiempo aparecieron nuevas utilidades y se hicieron famosos "troyanos" como *Back Orifice, SubSeven* o *Deep Throat.* Estas aplicaciones constan de dos módulos:

—Un esclavo que se instala en los ordenadores afectados y que sirve para permitir el acceso de visitantes no deseados.

—El maestro, un programa que mediante una sencilla "interfaz gráfica" permite a los atacantes enviar órdenes a los esclavos.

TRUCO: cuando una prenda te ha desteñido cuécela con algo de plata.

Existen unas normas básicas para mantener nuestro ordenador libre de virus troyanos:

1) Nunca coger un archivo *.exe, .scr, .ini, .dll* de un desconocido.

2) Si te llega un fichero por e-mail no lo abras hasta que la persona que lo ha enviado de manera consciente te lo confirme (puedes pedir su confirmación con un e-mail).

3) Procura no bajarte archivos *.exe, .scr, .ini, .dll* de páginas personales.

4) Si el Office te pide permiso para ejecutar macros, contesta que no, a menos que estés muy seguro de que quien te lo ha pasado no te quiere hacer una faena.

Son normas muy sencillas y fáciles de respetar que te ahorrarán muchos disgustos.

El virus *I love you* trajo de cabeza a los expertos informáticos de todo el planeta el mes de mayo de 2000. Este virus paralizó a miles de empresas e instituciones. El programa tardó cinco horas en propagarse por tres continentes a través del correo electrónico. Un perverso mensaje de amor, el disfraz del virus informático, arrasó en Internet. El virus apareció en Hong Kong para trasladarse por los ordenadores de Asia, Europa y América a través del correo. Organismos como el Pentágono, parlamentos europeos, así como empresas, instituciones financieras y medios de comunicación sufrieron la infección, que asombró a los expertos por su velocidad de difusión. *I love you* es un tipo de *malware* (programa dañino), con habilidades de gusano (se replica y propaga solo, usando para ello la Red). El virus llega al ordenador en un mensaje de correo electrónico como un archivo adjunto, y se activa cuando se abre este archivo. Afecta a los usuarios del sistema Windows de Microsoft, especialmente al Explorer. Los sistemas Macintosh y Linux son, sin embargo, invulnerables al *I love you*. Al abrir el fichero adjunto "LOVE-LETTER-FOR-YOU.TXT.vbs" el programa que contiene infecta ficheros del ordenador (especialmente de imagen y de sonido) y pone en marcha su propio sistema de replicación, que consiste en autoenviarse a todas las direcciones de correo electrónico de la agenda del usuario en el Outlook, lo que provoca el bloqueo de miles de ordenadores en todo el mundo.

¿Cómo tengo que elegir un antivirus?

Los programas antivirus tienen fecha de caducidad. Cada día aparecen virus nuevos y por ello se necesita un producto que se actualice con frecuencia, mejor si es dos o tres veces al mes. Existen programas capaces de autoactualizarse por Internet, tan pronto como sus programadores crean vacunas para los nuevos virus. Otras vías de actualización son el correo electrónico y la descarga, por parte del usuario, de los nuevos ficheros, desde la Web o el FTP de su compañía antivirus.

A la hora de seleccionar un antivirus, estos son los elementos a tener en cuenta:

—Monitor residente. Se trata de un módulo que se encuentra activo de manera permanente en la memoria del ordenador con el fin de supervisar cualquier tipo de actividad sospechosa. Sobre todo es útil a la hora de ejecutar un programa infectado, ya que avisa a tiempo del riesgo que se corre.

—Escáner. Es el módulo principal de todo antivirus, el programa que se debe ejecutar para buscar virus dentro del ordenador. La frecuencia de chequeo debe ser semanal, especialmente si se suelen descargar o intercambiar documentos o programas por medio de la Red.

—Heurística. Es la capacidad de los antivirus de intuir la presencia de virus nuevos o desconocidos. Gracias a la heurística es posible evitar infecciones de virus recién distribuidos por sus creadores. Su funcionamiento está basado en la búsqueda genérica de fragmentos de código que suelen ser característicos de los virus. Si un antivirus llega a encontrar varios fragmentos de este tipo en un mismo fichero, automáticamente avisará al usuario de la posibilidad de infección.

¿Qué hago ante un virus?

Un virus nos amenaza. Lo primero que debemos hacer es no perder los nervios. Puedes encontrarte en dos situaciones:

1) El virus está identificado por el antivirus gracias a los escaneos realizados por el programa.

2) El virus no está identificado y lo descubres cuando se manifiesta tras la ejecución de un programa, bien mediante algún efecto gráfico o sonoro de un mensaje, bien por cualquier otra señal. Esta activación —conocida como *payload*— no suele acarrear ninguna consecuencia grave, aunque puede provocar algún tipo de pérdida de datos.

En cualquier caso, si el programa antivirus no es capaz de detectar y eliminar una infección estos son los pasos que deberás seguir:

—Recoger varias muestras en un disquete de los ficheros bajo sospecha de infección.

—Enviar el virus a una compañía antivirus desde un ordenador no contagiado, ya que si la máquina infectada se conectase a la Red supondría el contagio de más ficheros y de que el virus, en caso de ser *i-worm,* se difundiese por Internet.

—Eliminar rastros del virus comprobando los contenidos del menú "Inicio" de Windows. Mediante el bloc de notas abrir el fichero "C:\autoexec.bat" para comprobar que no haya archivos del tipo "del" o "deltree" cuyo objetivo es borrar ficheros. Y, por último, limpiar la memoria, es decir, reiniciar Windows para que el intruso no pueda infectar más ficheros.

¿Qué hago si el módem no responde?

Lo primero que debes hacer si el módem es externo es... ¡enchufarlo hijo, que no sé en qué mundo vives!

Si está encendido, el problema puede ser otro. Mira si las conexiones se han aflojado o están sueltas. Comprueba también el cable de corriente, de serie o el USB, y por supuesto, el telefónico, que puede estar mal conectado o defectuoso. En este último caso, ráscate el bolsillo y compra otro de buena calidad.

Más motivos. La falta de respuesta del módem también puede deberse a una errónea conexión a Internet. Revisa la configuración del acceso telefónico a redes y comprueba que los valores introducidos se corresponden con los que te facilitó el proveedor.

Si todos los intentos realizados para solucionar el problema fallan sólo te quedan dos remedios:

1) El más sencillo: encender y apagar el módem de nuevo.

2) Un poco más fastidioso, pero aconsejado para los más puestos en el tema: reinstalar el sistema operativo con el módem ya conectado.

¿Y si tengo problemas con la conexión?

La conexión a Internet es lenta o se corta. Estás desesperado. Llevas media hora frente al ordenador, mirando fijamente a la pantalla, con ganas de tirar la toalla desde hace rato y acordándote de gran parte de nuestro santoral...

¿Quiénes son los culpables? Bien. Pues el gran problema es el ancho de banda. Si las operadoras telefónicas no suministran capacidad suficiente, es imposible que la información fluya con rapidez por la Red. Aunque también los proveedores de acceso tienen su parte de responsabilidad. Muchos ofrecen un ancho de banda insuficiente para el número de usuarios que tienen contratados, sufren una gran saturación en las redes de acceso, fallan las conexiones internacionales de salida-entrada a Internet...

Ante todos estos problemas, el usuario también puede poner algo de su parte para evitar disgustos y esperas interminables. He aquí unos cuantos consejos para hacerte la *cybervida* más fácil:

1) Huir de las horas punta donde se producen los mayores atascos en la Red. Algo tan extrapolable y común en la vida real.

2) Desconectar los servicios añadidos de la línea telefónica... las llamadas en espera y el contestador automático son un estorbo en estos momentos y pueden provocar cortes en la conexión.

3) Aumentar la memoria caché del navegador para incrementar la velocidad de conexión. De esta forma, el

disco duro podrá almacenar los componentes de las páginas web consultadas con anterioridad.

4) Hacer uso de programas aceleradores que facilitan la navegación por la Red. Te recomendamos los siguientes:

NetAccelerator:
http://www.imsisoft.com/netaccelerator/netacc2.html *(shareware)*

SurfExpress:
http://www.connectix.com/products/sed.html *(shareware)*

WebZip:
http://www.spidersoft.com *(shareware)*

WebWhacker:
http://www.bluesquirrel.com *(shareware)*

WebStripper:
http://www.solentsoftware.com (gratuito)

¿Cómo puedo evitar el correo basura o spams?

Miles de personas reciben todos los días mensajes de correo electrónico con ofertas de todo tipo, información, o la posibilidad de participar en un sorteo de grandes premios. Algo parecido a esas cartas que uno recibe por correo ordinario afirmando que ha ganado un regalo seguro si envía el impreso adjunto al remitente.

En el caso del correo electrónico este tipo de correo basura se denomina *spam.* Muchas empresas lo utilizan con fines comerciales. Y aunque no existe ningún sistema que lo evite al cien por cien, se pueden adoptar diversas medidas que reducen en gran parte la recepción de este tipo de mensajes. La primera consiste en utilizar una segunda dirección de correo electrónico para suscribirse a grupos de noticias y listas de correos, dejando la cuenta personal para el correo estrictamente particular. De esta forma, será muy fácil revisar la bandeja de entrada de esta dirección en el programa de correo y eliminar de una sola atacada el correo no deseado.

La segunda medida, mucho más drástica, es no comprar nunca nada a una compañía que utilice el *spam,* ni visitar su sitio web, ni pedir información adicional, que animaría a esa compañía a continuar empleando este sistema. Tampoco se deben reenviar correos en cadena, peticiones, comunicados masivos, ni avisos de virus a un gran número de personas ya que, habitualmente, estos mensajes contribuyen a proporcionar listas de correos a estas empresas. Algunos de estos mensajes sugieren visitar una determinada página web para eliminar la suscripción a sus noticias, o bien que se envíe un correo con una clave determinada como asunto.

> CONSEJO: ni se te ocurra hacerlo, porque con ello sólo lograrás confirmarles tu dirección de correo. Además, aunque esa empresa eliminaría tu nombre de la lista, lo más probable es que haya sido vendida a múltiples compañías, con lo que tampoco surtirá el efecto deseado.

La mejor manera de saber quién te está enviando esos mensajes de *spam* es mirar las propiedades del "emilio" y mirar el IP, después de consultar en la página **www.blighty.com/spam/spamde.html**, con el fin de averiguar de quién se trata. Para evitarlo directamente hay páginas que dan programas gratuitos para luchar contra el *spam,* como por ejemplo **http://www.spamkiller.com**. Entre los programas para eliminar el *spam* te recomendamos los siguientes: SpammerSlammer, Spam Attack Pro, CyberSitter AntiSpam, Contact Plus Spam Buster, Grok Developments Interceptor, High

Mountain Software Spam Eater Pro y Unisyn Software Spam Exterminator.

TRUCO: para combatir el mal aliento, mastica granos de café u hojitas de perejil o, en su defecto, lávate los dientes.

¿Cómo imprimo documentos sin tener la impresora instalada?

Este truco es bastante útil para todos aquellos que tengan un ordenador portátil y que en un momento dado no hayan querido cargar con la impresora de un lugar a otro y dejan la tarea de imprimir para después. Toma buena nota: dirígete a "Mi PC" y entra en "Impresoras". Una vez allí haz clic en la impresora predeterminada (o la que vayas a usar). Después te vas a "Menú impresora" y haz clic en "Interrumpir la impresión". A partir de este momento podrás imprimir cuando quieras todos los documentos pendientes en la "Cola de impresión".

¿Cómo evito la amenaza de las cookies*?**

Una de las cosas que más rabia da es que alguien que no conozcas pueda saber las páginas que has visitado, ya que viola tu intimidad y tu derecho al anonimato en Internet. Para evitarlo hay que eliminar unos archivos llamados *cookies* que están en la carpeta "Archivos temporales de Internet". Si no quieres recibirlos nunca más deberás ir (con el Explorer) a "Opciones". Una vez allí, pulsa la pestaña de "Seguridad" y busca "Desactivar

*Para que luego te quejes. ¡A ver quién te cuenta estas cositas!

cookies" y elimina las dos secciones que hay. En Netscape es más fácil. Tienes que ir a "Edición", después clickear "Preferencias", ir a la sección "Avanzadas" y justo debajo observarás un apartado dedicado a las *cookies*. Desde este punto podrás desactivarlas.

Segunda parte

Directorio de Internet

Alojamiento de páginas web

Un hogar para tu web, gratis por supuesto, en el que te ofrecen 30 Mb de espacio, URL personalizado... Y un buscador de las páginas alojadas allí, en inglés: **http://angelfire.lycos.com/**.

Una comunidad donde colocar tu web, que además ofrece información de todo tipo, en español: **http://www.ciudadfutura.com/** o también **http://www.ciudadfutura.net /webgratis**.

Sin límite de tamaño, correo gratis..., en inglés: **www.croswinds.com**.

Aquí te dan 20 Mb para tu web, también en inglés: **http://www.digiweb.com/**.

En este sitio te dan 11 Mb de espacio, libro de direcciones, calendario, chats..., en inglés: **http://www.fiberia.com/**.

Ofrecen 100 Mb de espacio, ayuda las 24 horas del día y otras cosillas, casualmente también es en inglés: **http://www.fortunecity.com/** y en español, **http://www.fortunecity.es/**.

Geocities es el hogar de muchos navegantes, este sitio pertenece a Yahoo. También en inglés: **http://geocities. yahoo.com/home/**.

http://www.graffiti.net/. En este sitio tienes además *antispam,* qué detalle.

http://www.freeservers.com/, en inglés.

En este sitio te dan 15 Mb (ampliables), hasta tres cuentas de correo, contadores, estadísticas y, sobre todo, que no te censuran y es en español: **http://www.personales.com/**.

En Tripod puedes encontrar un editor web, administrador de archivos, herramientas y 12 Mb de espacio: **http://www.es.tripod.de/**.

En **http://xoom.com/home/**, espacio ilimitado, correo gratuito, *cliparts* para colocar en tu página, pero en inglés.

Veinte Mb de espacio libre con la posibilidad de poner tu nombre, por ejemplo, **paquito.virtualave.net**, también en inglés: **http://www.virtualave.net/**.

Asociaciones de Internet

ICANN Home Page, en inglés: **http://www.icann.com/**.

NIC, Network Information Center España, información sobre dominios en español: **http://www.nic.es/**.

NIC (Network Information Center), información sobre dominios, en inglés: **http://www.nic.es/**.

Nominalia, dominios en español: **http://www.nominalia.com/**.

AUI, la Asociación de Usuarios de Internet en España: **http://www.aui.es/**.

Asociación de Internautas españoles: **http://www.internautas.org/**.

Aviones - Compañías aéreas

British Airways: **www.british-airways.com**.
Swissair: **www.swissair.ch**.
Air France: **www.airfrance.fr/**.
United Airlines: **www.ual.com**.
AENA: **www.aena.es**.
Air Europa: **www.air-europa.com**.
Iberia: **www.iberia.es**.
Spanair: **www.spanair.com/es/**.

Bancos

Banco Central Hispano. Aparte de la información bancaria, puedes usar una calculadora que pasa a euros: **www.bch.es**.

Argentaria ofrece banca directa, la opción de realizar tus operaciones por teléfono o argenvía, lo mismo pero por Internet: **www.argentaria.es**.

Banco de España: **www.bde.es**.

Banco Santander-Central Hispano: **http://www.bsch.es/**.

La Caixa: **www.lacaixa.es**. Si tienes contratado el servicio "Línia Oberta Web" (de momento gratuito) podrás realizar operaciones con tus cuentas corrientes. Consulta en español, inglés o catalán.

Caja Madrid: **www.cajamadrid.es**.

Bankinter: **www.bankinter.es**.

CajaSur: **www.cajasur.es**.

En **www.bankoa.es** tendrás información financiera en euskera y castellano, por supuesto ofrece la opción de banca en línea.

Caja Canarias: **www.cajacanarias.es**.

En **www.bankweb.com** encontrarás un directorio enorme con más de 1.700 bancos norteamericanos y 700 bancos internacionales, por si olvidas la dirección electrónica de tu banco. La búsqueda se realiza por orden alfabético de países.

Bibliotecas: Nacional e Internacional

Biblioteca Nacional de España: **www.bne.es**. Aquí encontrarás montañas y montañas de información general sobre prácticamente cualquier temario que te interese consultar. Acceso y horarios, noticias, publicaciones…

Biblioteca de la Universidad Complutense de Madrid: **www.ucm.es**. Esta biblioteca pone a tu disposición un servicio especial de revistas científicas cuya consulta, por el momento, es gratuita, aunque debes solicitar una clave de acceso en la Facultad para que puedas navegar con toda facilidad.

En la dirección de la Biblioteca de la Universidad de Barcelona, **www.bib.ub.es**, accedes directamente a un catálogo con secciones muy completas e interesantes de servicios e información general. Subiéndose al carro de las nuevas tecnologías han incorporado una sección bastante actualizada de terminología referente a la Red. Esta página la puedes leer en español, inglés y catalán.

Bibliotecas universitarias en Internet: **www.csic.es**. En esta página creada por el famoso CSIC encontrarás fácilmente los servicios y bibliotecas universitarias disponibles en Internet.

Ruta Azul: **www.rutaazul.com**. Es un servidor de información con enlaces a bibliotecas de todo el mundo.

Biblioteca de la Universidad de Cambridge: **www.lib.cam.ac.uk**. Aquí encontrarás la más diversa información que contiene la biblioteca de una de las universidades más prestigiosas del Reino Unido.

Bibliothèque Nationale de France: **www.bnf.fr**. Páginas de la biblioteca nacional francesa.

Buscadores

Www.go.com. Buscador en inglés.

www.es.lycos.de. En español.

www.ciudadfutura.com. Tiene un buscador de las páginas que se alojan en su ciudad.

www.hotbot.com. De Lycos, en inglés.

www.c4.com. Un potente motor de búsqueda con varios buscadores trabajando a la vez.

www.ussc.alltheweb.com. Te proporciona un sistema de búsqueda rápida, *advanced search,* con opción a realizar tu búsqueda en 31 idiomas, además de ofrecerte un filtro de dominios y de palabras. Contiene también un sistema de búsqueda de FTP que te sirve para enlazar con otras web.

www.whowhere.com. Incluye listas de e-mail, directorios con teléfonos y direcciones varias de actores, atletas, directores de cine, músicos, modelos... También de Lycos Network.

www.alleurope. com/. Un buscador en Europa. Te da la posibilidad de usar buscadores específicos de cada país.

www.google.com/intl/es/. En español, te ofrece la posibilidad de buscar en diez idiomas.

www.aeRed.com. Buscador en Andalucía.

www.inchi.com/buscalistas/. BuscaListas, un buscador de listas de correo y boletines, en español.

www.inicia.es. Es uno de los buscadores españoles de más reciente aparición y en poco tiempo se ha consolidado como uno de los más utilizados, entre otras cosas, porque es gratuito. Entre los servicios más novedosos que incluye se encuentra un apartado para neófitos en el tema de la navegación por la Red. Por ejemplo, te explica cómo bucear y encontrar tesoros ocultos en Internet o cómo subir tus ficheros a la Red y alojarlos en un sitio que pueda visitarlos todo el mundo.

Tiene varios enlaces a una serie de páginas web que te ofrecen acceso a grupos de noticias. Por ejemplo, es curioso ver que la dedicada a Internet, aunque tengas instalado Internet Explorer, una vez que llegas a ella aparece instalado el Netscape.

Otras web interesantes con grupos de noticias son las dedicadas a cine, música, viajes, deportes, libros, ciencia, educación, salud, economía, política...

Para los más aventureros y hambrientos conocedores del mundo recomendamos "cámaras en directo", donde se ofrecen fotografías e información de lo más completa de lugares tan inhóspitos y sorprendentes como la Antártida, o zonas turísticas como Brasil, Canadá, Colorado, Hawai, Suráfrica... Podrás escuchar, incluso, el sonido medioambiental y el de su fauna. Una auténtica vuelta al mundo a través de fotografías.

Por último, si eres oyente de Los 40 Principales y quieres conocer a tu locutor favorito, tienes un acceso directo al estudio de "Los 40" en Madrid.

www.terra.es. Es uno de los grandes buscadores en español del momento, de muy reciente aparición y que ofrece comunidades muy variadas: chat, correo web, foros, Internet gratuito, mensajes a móviles (¡Ojo! Sólo Airtel, Movistar o Amena), envío de postales y tablón de anuncios. Tiene también un servicio de compras bastante completo, además de un sinfín de canales.

www.altavista.com. Tiene un sistema de búsqueda rápida y en 24 idiomas. Es uno de los buscadores más completos y eficaces de la Red. Hace poco ha incluido un servicio de compras al que puedes acceder directamente en la dirección **www.shopping.com**. Otro de los nuevos servicios es **www.taxcenter.com**, con información económica relacionada con el mundo del hogar, los mercados financieros, las grandes empresas…

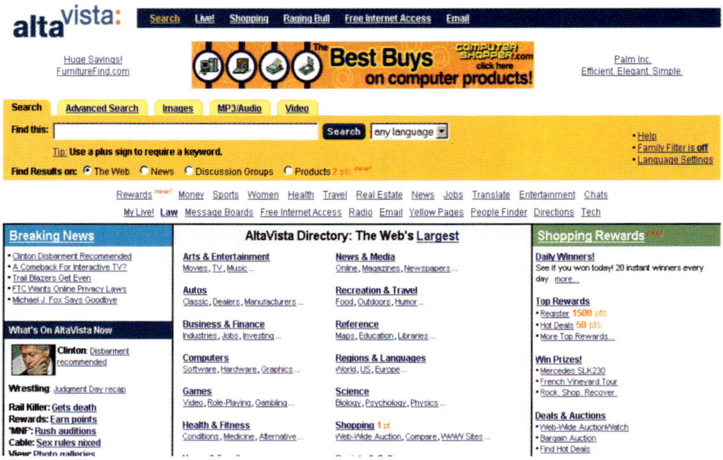

www.donde.uji.es. Es un buscador que ofrece la posibilidad de realizar una búsqueda rápida a través de operadores booleanos AND y OR que consiguen afinar los rastreos. Además, existe también la posibilidad de acceder a una página web con FAQ, preguntas que el internauta puede hacerse sobre el buscador y sus prestaciones. Por ejemplo, cómo hacer un *link* a **donde.uji.es** en una página propia.

www.ozu.es. Este buscador te ofrece varios servicios novedosos. Entre ellos, el acceso a un callejero, a un mapa cartográfico de todas las provincias españolas y de las principales capitales europeas, y la posibilidad de realizar tus reservas en hoteles de España, Francia, Andorra y el Caribe, además de alquileres turísticos en España, Andorra, Francia y Florida. Para los amantes del turismo rural también hay un apartado dedicado a las casas rurales dispersas por todo el territorio nacional con fotografías, tarifas, calendario y toda la información que se precise.

www.yahoo.com y **www.yahoo.es**. Uno de los buscadores más conocidos y utilizados, sobre todo por los amantes de la música, ya que posee uno de los bancos de información musical más importantes de la Red. De hecho, sirve de enlace a otras páginas web musicales especializadas como **www.rollingstone.es**, **www.sonicnet.es**, **www.countrycool.com**.

www. telepolis.com/. La ciudad digital de Telepolis tienes un buscador, además de otras cosas muy interesantes.

Chat

http://ciudadfutura.com/chatmania/ es un sencillo manual con el que podrás ponerte al día sobre el mundo del chat. Además de definiciones y explicaciones, cuenta con consejos útiles para los más novatos. También podrás encontrar listas de chats, información sobre los programas necesarios, servidores, historias... Tienes la posibilidad de plantear cualquier duda que te surja utilizando el correo electrónico.

En este sitio tienes chats de todo tipo, algunos en inglés y otros en español: **http://www.starvoice.com /onserver/mex/**.

En **http://www.lanetro.com** tienes también un servicio de chat.

En la Abadía, **http://www.la-abadia.org/**, sólo se habla español, un lugar de recogimiento, pero menos.

Un lugar para chatear sin el ICQ: **http://www.chatear.com/**.

Cine

Mi nombre es Alberto Plágaro. Soy el realizador del programa Gomaespuma. Supongo que te estarás preguntando por qué he querido que me incluyeran en esta sección de cine. Bien. Ahora soy realizador de radio. En el futuro, me gustaría dedicarme al cine. De hecho tengo en proyecto un cortometraje del que sólo queda encontrar quien lo financie. Si tengo que ser sincero, Internet no es un instrumento que utilice mucho, ni siquiera todos los días; pero lo mejor que puedo contar sobre este mundillo es una historia real que llegó a mis orejas el otro día. Una chica, pongamos de 25 años, entra en uno de esos chats que crecen como setas en Internet y sirven para relacionar a personas entre sí, primero charlando dentro de un grupo de gente, y luego, si te interesa alguien, especialmente mandándose e-mail, solamente entre ellos. El caso es que, después de estar hablando con varias personas, conoce a un chico que por las cuatro o cinco frases que intercambia con él, parece gustarle. Inmediatamente descuelga el teléfono y llama a una amiga suya para comentárselo. La amiga, como si la cosa no fuera con ella, le anima a que siga chateándose con él porque a lo mejor es el hombre de su vida. Al día siguiente, nuestra protagonista entra otra vez en Internet y directamente le envía un mensaje más personal para que el chico se moje, y este le contesta: "Sé que no es normal que por cuatro o cinco mensajes que nos hayamos intercambiado ayer, me haya pasado toda la noche pensando en ti y esperando este momento; ojalá te pase lo mismo que a mí y lo pudiéramos compartir". Tras leer el mensaje, emocionada, vuelve a telefonear a su amiga para contárselo. La opinión de esta sobre la relación virtual es tan grata que el correo entre ambos se incrementa día a día. La chica se da cuenta de que este chico le está llamando demasiado la atención porque aparte de lo encantador que resulta parecen estar hechos el uno para el otro, siempre le dice lo que desea escuchar exactamente en cada momento. Pasados unos días la relación es cada vez más estrecha y las llamadas a su amiga para pedir consejo son muy frecuentes. A estas alturas el enamoramiento es tan evidente, que en una de las llamadas a su amiga, nuestra protagonista le cuenta que quiere pedir a su amante virtual una foto para tener una referencia visual de Romeo. La amiga le contesta: ''Mejor arregla una cita a ciegas con él porque ya sabes que las fotos se pueden trucar y luego la realidad te sorprende". Dicho y hecho. Al día siguiente fijan entre ellos una cita para ese fin de semana y poder comprobar cómo va la cosa sin la pantalla de por medio. Ella llevará un pañuelo rojo en la cabeza para que él pueda distinguirla. El día de la cita llega tarde a propósito y cuando entra en la cafetería ve a su amiga (sí, la misma a quien contaba todos los avances de la relación) que ante la extrañeza de nuestra protagonista le dice: ''El chico que estaba en el chat era un personaje inventado por mí, que llevo utilizando desde hace algún tiempo y con el que parece tengo bastante éxito entre la concurrencia femenina".

La moraleja es la siguiente: ''Puedes encandilar a todo el mundo diciendo a cada persona lo que desea oír sin necesidad de que exista un contacto físico".

Bien, pues esta es mi historia y estas son algunas de las direcciones que habitualmente manejo cuando navego por la Red:

En la base de datos **www.imdb.com/** encontrarás datos sobre más de 150.000 películas. La búsqueda se hace por actores, títulos, directores e, incluso, años. Y su versión en español: **http://spanish.imdb.com/**.

Todas las novedades cinematográficas de los últimos años, en inglés: **www.movieweb.com/**.

El festival de cine de Berlín, la famosa Berlinale, en inglés o alemán: **www.berlinale.de/**.

FilmFestivals: **www.filmfestivals.com**. Todo sobre los festivales de cine que se celebran en todo el mundo a lo largo del año.

Cines en Europa, distribución, películas, noticias y eventos…: **www.europa-cinemas.org/**.

Cine internacional, información de todo tipo sobre cine, en inglés: **www.cinema-sites.com/**.

Universal Pictures: **www.universalstudios.com/**.

Paramount Pictures: **www.paramount.com/**.

Movierecord: **www.movierecord.com**.

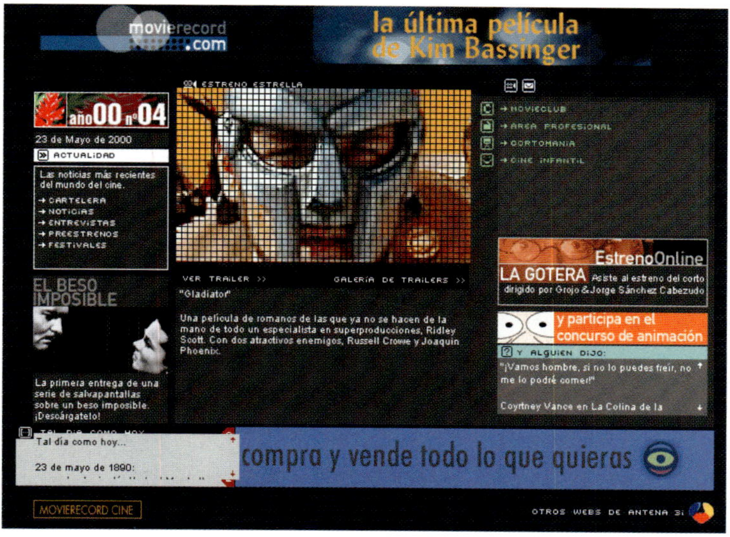

Una página dedicada al cine en español, buscador de películas, foros...: **www.mascine.com**.

Información en español de todo tipo, también de cine: **www.cdmedia.es**.

Revista de información de cine en gallego *(galego)*, la actualizan poco: **www.candilexas.com**.

Semanario de cine español y latinoamericano: **www.claqueta.com**.

Noticias de última hora, críticas, *trailers...*: **www.cinemagazine.com**.

Cartelera, música, cine en TV...: **www.elamante.com**.

Todos aquellos que estén interesados en los marcianos más cutres que se hayan visto nunca en la pantalla grande, en los detectives más chapuceros y los héroes más birriosos encontrarán su lugar de ensueño en **www.ohthehumanity.com**. Lo peor del cine de serie B, tan malo tan malo que te parecerá increíble que se haya llegado a proyectar alguna vez en una sala de cine. Los criterios por los que se califican las películas no pueden ser más acertados y se presentan con enlaces a sitios que ofrecen más información. Incluso pueden comprarse. Aquí Ed Wood descansaría en paz.

Concursos

Si eres amante de los concursos y confías en tu buena estrella y el azar, esta es la dirección de uno de los buscadores de concursos en la Red: **www.superwin.net**.

Otra dirección interesante para los que les pique el dinero en el bolsillo es **http://www.intertops.com**. Esta web americana gestiona apuestas sobre los principales deportes y competiciones anglosajonas, pero también tiene la opción de apoyar sus vaticinios sobre el fútbol español con dinerillo. Las posibilidades son amplias y abarcan, fuera del ámbito meramente deportivo, desde los Grammy, a los Oscar, pasando por temas políticos y hasta por un casino virtual. El método es el habitual. El usuario se registra dando los datos de su tarjeta de crédito, asigna una cantidad a la cuenta —siempre en dólares— y ya está… es la hora de ¡jugaaaaar!

Correo electrónico

Casi todos los portales te dan correo electrónico, pero aquí tienes algunas direcciones:

www.mailcity.com. Encontrarás todo lo que necesites saber sobre el mundo del correo electrónico y por supuesto te dan el tuyo. En inglés.

www.suck.com. Un Mailbank o, lo que es lo mismo, un banco de direcciones de correo electrónico y de direcciones web. Te dan correo gratuito, subdominios personalizados... En inglés.

www.hotmail.com. Correo gratuito, en inglés, español, francés…, puedes leerlo en Outlook Express.

MixMail también te da un correo gratis: **www.mixmail.com**.

En la página de Guay puedes solicitar también tu correo: **www.guay.com**.

UOL también te da un correo gratuito: **www.uol. es**.

WebMail te lo regala, pero en inglés: **www.webmail.com**.

Deportes

Deportes de la cadena CBS, por supuesto en inglés: **www.cbs.com**.

CNN Sport: **www.cnnsi.com**.

Sport Online: **www.sport.es**.

Diario AS on line: **www.diario-as.es**.

Sports: **www.sportsya.com**.

Marca Digital: **www.marca.com**.

Baseball: **www.baseballhalloffame.org/**.

NBA All Star: **www.nba.com/**.

Página oficial de la liga española de baloncesto, aún está en construcción: **www.acb.es/**.

FIFA Online: **www.fifa.com**.

La página oficial del Atlético de Madrid, je, je: **http://www.at-madrid.es/**.

Otra página del Atleti, no oficial, atléticos del mundo unidos, la esperanza: **http://pages.hotbot.com/sports/forzaleti/**.

Más Atleti, también no oficial: **http://www.geocities.com/Colosseum/3646/**.

La página oficial del Real Madrid: **http://www.masfutbol.com/realmadrid/**.

La página no oficial del Real Madrid: **http://www.eecs.tufts.edu/~hmeana/**.

Otra página no oficial del Real Madrid: **http://www. geocities.com/Colosseum/Court/1000/index.htm**.

Ciclismo en España: **www.geocities.com/Colosseum/3883/ceeindex.htm**.

Natación: **www.swimnews.com/**.

Rugby, el deporte favorito de Alfonso del Álamo: **http://www.rugbyworld.com/**.

Tenis: **www.yahoo.es/Deportes_y_ocio/Deportes/Tenis**.

Real Federación de Tenis de España: **http://www.fedetenis.es/**.

Noticias de tenis, con clasificaciones, circuitos...: **http://www.sportec.com/www/tenis/**.

Voleibol en inglés: **www.volleyball.org/Index.html**.

Equipo olímpico español: **www.ado.es**.

Waterpolo: **sport.iskon.hr/en/waterpolo/**.

En este sitio, a parte de información (tienen una revista) puedes comprar material deportivo relacionado con el esquí y la montaña: **www.barrabes.com**.

Información sobre golf, en inglés: **www.golf.com**.

Perteneciente al periódico *El Mundo:* **www.gigantes.com**.

Toda la información de este diario en la Red: **www.elmundodeportivo.es**.

Noticias sobre regatas, en español: **www.laregata.com**.

Todo sobre el fútbol y más: **www.futbologia.com**.

El periódico deportivo *Sport on line:* **www.sport.es**.

Información sobre el hockey sobre patines, noticias, clubes...: **www.infohockey.com**.

Derecho

www.uv.es/biblios/webs/juridicos.html. Recopilación de direcciones de Internet indispensables para los juristas.

www.intercom.es/webjur/. Centro jurídico español en Internet con noticias, novedades, legislación, enlaces a otros sitios...

Ecología y Medio Ambiente

"GOMAESPUMA CON TARTERA"
Jesús Alcanda

Soy el culpable de que todos los viernes a las ocho menos veinte "se llene el estudio de moscas y avispas..." —según expresión de Juan Luis—, que es la señal semanal para que se hable de medio ambiente en Gomaespuma. Yo intento dirigir esa sección que hemos titulado "Gomaespuma con Tartera".

Uno de los instrumentos que utilizo para realizar esa sección es la búsqueda de noticias y datos en la Red, aunque siempre con carácter complementario, es decir, casi nunca empleo como argumento base los datos y noticias hallados en las páginas web..., salvo que pueda contrastar suficientemente los hechos y las cifras que la Red proporciona.

Hay que tener en cuenta que la información supone poder (en mayor o menor grado), lo que implica que el tipo de información que aparece en la Red no tiene carácter netamente gratuito. Es decir, la inmensa mayoría de la documentación que se ofrece posee una intención comercial directa o indirecta, ya sea política, económica o publicitaria. Por tanto, en la medida que la información que deseo buscar carece de esa componente comercial (en sentido amplio), más inútil es la búsqueda o más sesgada es la información. El resultado es que utilizo la Red para contrastar puntos de vista, obtener datos más o menos inequívocos, y noticias curiosas o singulares que encuentro cuando "navego" sin rumbo...

Es relativamente útil comenzar la búsqueda de información oficial y legislativa a través de la página del Ministerio de Medio Ambiente **www.mma.es** y las correspondientes conexiones que esta página tiene con las de las Comunidades Autónomas, que a su vez conectan con otras páginas "ambientales".

Una página que me es imprescindible para cuestiones de educación ambiental y aspectos generales relacionados con el medio ambiente, cuya visita recomiendo para aclarar cualquier duda respecto a fundamentos ambientales y comunicación, es **www.epa.gov** y la específica para educación ambiental, **www.epa.org**. Se trata de la página de la Agencia de Protección Ambiental Americana (Estados Unidos), que alecciona con bastante rigor sobre todo tipo de cuestiones relacionadas con el medio ambiente y la calidad ambiental.

También visito las hojas de los Colegios Profesionales de Ingeniería y Biología de España (**www.etsii.upm. es**, **www.etsim.upm.es**, **www.etsii.upv.es**, **www.etsin. upm.es**...), que son recomendables para captar información acerca de cuestiones técnicas ambientales, que completo con las direcciones web de dos librerías-editoriales que se han especializado en cuestiones ambientales y donde se pueden encontrar numerosas publicaciones sobre todo los temas de medio ambiente. Estas direcciones son: **www. diazdesantos.es** y **www.mundiprensa.com**.

En cuestiones de calidad ambiental me informo en la página de la Asociación Española para la Calidad cuya dirección es **www.aec.es**, donde se encuentran respuestas a interrogantes sobre formación, normalización y aseguramiento de la calidad...

Para cuestiones vanguardistas y líneas futuras del medio ambiente suelo meterme en la página del CIEMAT

(Centro de Investigaciones Energéticas, Medioambientales y Tecnológicas de España) cuya dirección es **www.ciemat.es/index.htlm**, en la que puedes encontrar información sobre energía en general, energías renovables, tecnología nuclear, instalaciones energéticas, formación avanzada...

Como nota curiosa de aspectos ambientales y ecológicos se puede visitar la página del Centro de Recursos de Rusia, donde se puede encontrar información sobre energía nuclear, ecología rusa y publicaciones. La dirección es **www.kiea.ru** (del Instituto Kurchatov).

Para energías renovables, se puede encontrar buena información especializada en la dirección **www.newenergy.org**, de la Organización Canadiense para las Energías Renovables. La información de cada tipo de energía renovable es muy completa. En inglés.

En **www.igc.org/igc/econet/** encontrarás numerosas noticias e información muy actualizada acerca de la situación medioambiental y ecológica de nuestro planeta. En inglés.

La página oficial de una de las organizaciones de defensa del medio ambiente más importantes del mundo: **www.greenpeace.org/**. En español: **www.greenpeace.es**.

Encontrarán una gran cantidad de información sobre temas punteros relacionados con el mundo de la ecología en **www.ecomart.com/ecology/**. Trata además otros temas menos conocidos sobre la naturaleza y su conservación con profusión de detalles y referencias concretas. En inglés.

www.interbook.net. Una página realizada en *flash* con un diseño muy cuidado, información de todo tipo, incluso el BOE.

Una revista mensual de naturaleza en: **www.quercus. es**.

Un lugar donde se aprende cómo se aprovecha la energía eólica en nuestro país: **www.elsitiodelviento.com**. Encontrarás un diseño muy cuidado y en español. Francamente interesante.

Economía

www.quote.com. Perteneciente a Lycos Network, dedicada a la información económica, los mercados financieros... En inglés.

www.banca-finanzas.es. Líder español en documentación bancaria y financiera.

www.bloomberg.com. Análisis financieros, noticias y mercado internacional. En inglés.

www.tiendafondos.com. Información y asesoramiento sobre diferentes posibilidades de inversión, en español.

www.bolsamadrid.es. Páginas oficiales de la Bolsa de Madrid.

www.borsabcn.es. Información sobre la Bolsa de Barcelona.

www.bolsabilbao.es. Cuenta con enlaces a diversos servicios financieros.

www.cnmv.es. Página oficial de la Comisión Nacional del Mercado de Valores, institución que atiende consultas y proporciona diversa documentación sobre el mercado.

http://www.revistadebolsa.com/. Revista sobre la bolsa.

Empleo:
Nacional e Internacional

www.inem.es. El Instituto Nacional de Empleo ofrece al ciudadano una página web donde muestra información administrativa y legal, además de otros datos de interés.

www.trabajos.com. Multitud de ofertas de empleo tanto para el trabajador como para las empresas que buscan empleados y empresas de selección, becas...

www.bancoempleo.es. Se define como "la mayor bolsa de trabajo de nuestro país". Más de 25.000 ofertas de empleo tanto público como privado.

http://www.lalinea.com/trabajo.htm. Páginas que animan a buscar empleo a través de Internet con enlaces a bolsas de trabajo, listas de correo, publicaciones y otros servicios de la Red.

www.bolsatrabajo.com. Listado amplísimo de ofertas de trabajo, información sobre becas, ayudas e, incluso, tablón de currículums.

www.segundamano.es. Página web del popular diario en la que encontrarás divididas en secciones ofertas y demandas de empleo.

www.overseasjobs.com. Si te marchas a otro país y te interesa encontrar trabajo antes de aterrizar en esta página encontrarás multitud de ofertas perfectamente clasificadas.

www.monster.com. Una de las oficinas de empleo más internacionales del momento. Ofrece más de 5.000 ofertas de trabajo en cualquier lugar del planeta.

www.nationjob.com. Empleo en los cinco continentes.

www.itjobworld.com/. Más información sobre trabajo, sobre todo para informáticos.

www.empleofacil.com, para profesores.

www.tecnoempleo.com, para profesionales en tecnologías de la información.

www.todotrabajo.com, información útil para crear tu propio negocio, subvenciones...

www.vedior.es.

www.infoempleo.es, información para empresas que buscan gente y gente que busca empresa.

www.mercadis.com, empleo para discapacitados.

www.oficinaempleo.es, bolsa de trabajo y mucho más.

Erotismo

P*enthouse Magazine:* **www.penthousemag.com/**.

Playboy: **www.playboy.com/**.

Dos páginas que muestran un gran número de desnudos de famosos son Celebrities **www.infinit.net/mgqaksp/ak002.htm** y **www.worldsbestcelebs.com**.

Expedientes X

OVNI

Según el autor, cuenta toda la verdad sobre el fenómeno ovni: **http://members.tripod.com/~willyM /UFO. HTML**.

El secreto ovni, ahí es "ná": **http://www.secretoovni.freeservers.com/**. En español.

Otra página dedicada a los ovnis en español: **http://www.fortunecity.com/roswell/goldendawn/634/ovni.html**.

El autor de esta página dice que lo ha vivido en sus carnes desde el año 81: **http://www.geocities.com/RainForest/Wetlands/5573/spanish.htm**.

Por si las dudas, esta página desde México nos cuenta las apariciones ovni. La última fue en febrero: **http://www.geocities.com/Area51/Dimension/3532/ovnipage.html**.

Cuántos ovnis se ven, se ven en este otro ejemplo: **http://www.ovnis.com.mx/ovni/**.

Una página que se dedica al estudio racional de los ovnis: **http://www.oninet.es/usuarios/edyt99/principal.htm**.

Apariciones Marianas

Hay que ver cuántas veces se aparece la Virgen, aquí tienes unas direcciones: **http://members.aol.com/bjw 1106/maria.htm**.

Mensajes de la Virgen María: **http://personales. mundivia.es/rjm/mensajes.htm**.

La Virgen se apareció en Roma: **http://www. geocities.com/Athens/Forum/6832/indexsp.htm**.

Aparición de la Virgen en Corea: **http://www. geocities.com/Heartland/Cottage/2239/index13.htm**.

Vampiros

Drácula en la Red: **http://habitantes.elsitio.com/ draculya/**.

Vampiros, aquí está vuestra casa: **http://grana-venida.com/webdelvampiro/**.

Historias de vampiros reales, en inglés: **http:// www.chariot.net.au/~pentup/realvamp.htm**.

Una web de vampiros en francés: **http://de-vampirica.forez.com/**.

Un tratado de demonología: **http://www. newadvent. org/cathen/04713a.htm**.

Más demonología, en inglés: **http://www. djmcadam. com/demons.htm**.

Otros temas

Comunicarse después de la muerte, en inglés: **http:// www.after-death.com/**.

La página del programa de radio Espacio en Blanco, con información actualizada del programa, programación, invitados, chat y la posibilidad de escucharlo *on line:* **http://www.espacioenblanco.net/**.

En esta web residen dos revistas, *El dragón de piedra* y *Gnosis Seauton,* en las que se dan noticias sobre el estudio del inconsciente: **www.hamalgama.com**.

Gastronomía

www.puravida.com. Recetas típicas de Costa Rica: postres, sopas, cazuela, asados, ensaladas... En inglés.

www.ilovepasta.org. Dudas, trucos y consejos para hacer unos espaguetis *al dente*.

www.Karlosnet.com. La página de Carlos Arguiñano, consejos y recetas de las suyas, de las ricas, ricas…

www.recetario.com. Para los más jóvenes. Múltiples recetas fáciles y rápidas para aquellos que no tienen demasiado tiempo.

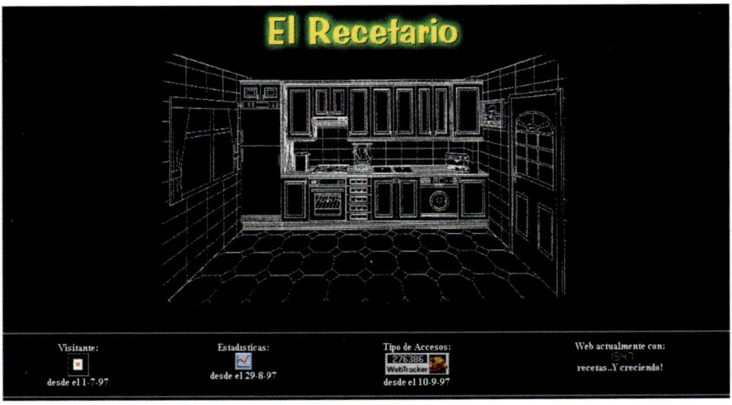

www.labuenamesa.com. Lo más elemental de cada una de las gastronomías de nuestro país.

www.ciudadfutura.com/recetas. Recetas, recetas y más recetas.

http://personal.Redestb.es/padobner/. La cocina vegetariana de Marta, recetas divertidas.

http://www.veg.org/veg/Food/. Cocina vegetariana, en inglés.

http://www.facilnet.es/pedrosubijana/. La cocina de Pedro Subijana.

http://www.bongust.com/. La cocina de Koldo Royo.

http://www.arrakis.es/%7Ediaz/. Cocinar con tomates.

http://www.canal21.com/gastronomia/main.htm?com=madrid. Más recetas en el portal Canal 21.

http://www.cervezasdelmundo.com/coccer/. Recetas con cerveza.

www.filewine.es. Amplísima guía de los vinos españoles. Multitud de secciones donde aprenderás a conocer y catalogar un buen vino.

Hoteles

www.web-hotel.com/. En un mapamundi seleccionas el continente de destino y luego el país y la ciudad donde aparcarás tus maletas. Aquí mismo puedes hacer tu reserva. En inglés.

www.iyhf.org/. La página de albergues juveniles más interesante con información internacional. En inglés.

www.centexcom.com. Pinchando en el mapa de nuestro país podrás obtener toda la información necesaria sobre los hoteles de tu lugar de destino. Una guía de empresas hosteleras. En español.

Humor

Funny Times: **www.funnytimes.com**.

Mosaik: **www.abrafaxe.com**.

The Onion: **www.theonion.com**.

Big Yellow Taxi: **www.byt.co.uk/**.

Art & Humor Magazine: **www.yadayadayada.net/**.

La Mandíbula: **www.lamandibula.co**. La página humorística ideada por Faemino y Cansado. Tan cachonda como ellos y llena de interesantes apartados.

Webería de Gomaespuma **www.gomaespuma.net**. Y...¿qué te vamos a contar sobre la Webería de Gomaespuma que tú no sepas? Está bien. Por si no sabes nada, en esta web realizada en clave de humor con tecnología punta (programa *flash*) encontrarás todo lo que quieras saber sobre nuestro espacio: agenda, las secciones de los colaboradores, galería de personajes ilustres, las novedades más novedosas con los últimos proyectos que tiene en mente el dúo Corchopán, viajes y aventuras, recomendaciones variopintas, regalos de todo-a-cien, concursos, primicias, fotomontajes y... bueno si te pica todavía la curiosidad te invitamos a que visites nuestra página. Una Webería que ha resultado ganadora en la categoría de radio/televisión por votación popular en la primera edición de los premios I-Best.

Además la Webería te ofrece contenidos creados exclusivamente para la Red. Recientemente se ha inaugurado la sala de proyecciones. En esta pantalla se proyectan películas de breve duración salidas de la factoría Gomaespuma. No te las pierdas.

Estreno de la película "El gran salto" de Javier Fesser en la weberia de Gomaespuma

GOMAESPUMA "REDACCIÓN"
Curra Fernández ("A lo loco") y Nuria Serena

Curra Fernández es la mujer de confianza del dúo humorístico Gomaespuma (Juan Luis y Guillermo). Ya se sabe: "detrás de un gran hombre siempre hay una gran mujer" o, mejor dicho, cuando hay una gran mujer siempre aparece un hombre y se coloca delante. En este caso son dos hombres arropados por una grandísima profesional de este medio de comunicación, la radio, con muchos años de solera a sus espaldas. Curra es quien cada mañana —a eso de las 6:00— llega a la Redacción y prepara los contenidos informativos del programa. Una ardua tarea de selección, clasificación y reedición de las noticias que las distintas agencias de prensa envían a través del teletipo. Pero su labor no acaba ahí. Curra Fernández es la responsable de la sección "A lo loco", un apartado informativo lleno de curiosidades, noticias impactantes y, muchas veces, increíbles que ella se encarga de transmitir a la audiencia, siempre que puede con una gran sonrisa. Precisamente la que mantiene las cinco horas después de terminar el programa hasta que se marcha, tiempo que emplea para seguir buscando contenidos, cerrar entrevistas, proponer invitados, temas... En fin, que Curra haciendo honor a su nombre, "curra" lo suyo.

Mi nombre es Nuria Serena. Soy una recién llegada, como quien dice, a esta casa de locos. Creo que, visto lo visto, reunía el perfil para sobrevivir en la vorágine que envuelve día a día a los integrantes de este equipo tan majete. ¿Mi labor? Bueno, se puede decir que soy el apoyo en la Redacción de Curra Fernández a partir de las diez de la mañana y hasta las... El horario de salida depende de la destreza o de la habilidad con la que me levante ese día para cumplir con mi tarea, una continuidad del trabajo que Curra hace cada mañana.

Con la llegada de Internet nuestro método de trabajo cambió de forma radical. Un enorme espectro informativo se abrió ante nuestros ojos que observaban incrédulos el aluvión de noticias e información que a partir de ese momento podían llegar a nuestras manos. Si nuestros años de experiencia personal navegando en la Red os pueden servir de ayuda, merecerá la pena que prosigáis la lectura.

Si sois oyentes habituales de Gomaespuma habréis notado la diversidad de información que tiene cabida en las tres horas de programa. Por eso, a la hora de buscar noticias en la Red son muchas las fuentes que manejamos. El navegador que utilizamos es el Explorer de Microsoft, aunque en el ordenador portátil que utiliza nuestra compañera de fatigas Yolanda Ariza está instalado también el Netscape. Si queréis saber el porqué, os emplazo a que leáis la parte de esta Guía de Internet y que la Yoli os cuenta sus aventuras y desventuras en la Red. En nuestro caso, la razón por la que empleamos el navegador Explorer es muy sencilla: es que nuestros compañeros de informática de la Cadena Ser nos lo instalaron en su día, y lo cierto es que hasta el momento no nos ha dado grandes disgustos ni razones para cambiar. Bien... entre los buscadores que manejamos os vamos a recomendar tres: **www.yahoo.com** (completísimo, en inglés) y **www.yahoo.es** en español, **www.ussc.**

alltheweb.com (que presume de ser el buscador más rápido de la Red y nosotros damos fe) y **www.altavista.com** (un buscador que nos recomendó nuestro compañero Víctor Cendra, muy puesto en esto de la informática y que por ahora nos ha dado muy buenos resultados —el buscador, no Víctor. Además, tiene su versión en castellano: **www.altavista.magallanes.net**). No obstante, otro enteradillo de Internet, nuestro compañero de M-80 Radio, José Miguel Ucendo, "Josemi" para los amiguetes y "Elucen" para mí, también nos facilitó un montón de buscadores que encontrarás en la sección Buscadores.

Como la Red te ofrece un montón de información muchas veces el asunto se complica más de lo que esperas. Por ejemplo, uno de los mayores problemas que nosotros tenemos es la localización de las páginas oficiales de determinados productos, empresas o personajes.

Y ¿qué páginas web visitamos las chicas de la Redacción habitualmente para conseguir información? Muchas, muchísimas y cada día descubrimos más. Aquí tienes un listado de las páginas más visitadas. No sé si están todas las que son o son todas las que están, pero tras un recuento sesudo creo que son suficientes para empezar. Para hacerlo más fácil, te las hemos clasificado temáticamente.

Información general

www.cnnespanol.com. La página de la CNN en español.

www.abc.es. El *ABC* digital.

www.estrelladigital.es. Exclusivamente en Internet.

www.avui.com. El diario *Avui* en la Red, en catalán.

www.vanguardia.es. El periódico *La Vanguardia* en Internet.

www.diarioinformacion.com. El periódico *Información* de Alicante.

www.larazon.es. El periódico *La Razón* en su versión digital.

www.eldiariomontanes.es. Información sobre Cantabria.

www.el-mundo.es. La versión digital del diario *El Mundo*.

www.xornal.mundo-r.com. Información en la Red de Galicia.

www.elpais.es. *El País Digital* con sus secciones: Ciberpaís...

www.elperiodico.es. El diario *El Periódico,* en catalán o en español.

www.ibrujula.com. Un diario exclusivamente digital, con la posibilidad de suscribirte y recibir la información en tu correo electrónico.

Literatura

www.aodweb.com. Foro de literatura y una sección dirigida a los extranjeros que estén aprendiendo español.

www.ariadna.cjb.net. Un diseño muy currado el de la revista *Ariadna,* libros, poesía...

Otros temas

www.muyinteresante.es. La revista *Muy interesante* en Internet.

www.mediauk.com. Si quieres acceder a las páginas web de los medios de comunicación más importantes del Reino Unido (radio, prensa y televisión), este sitio web puede resultarte útil.

Si alguna vez te encuentras en la obligación de hacerte con la vida, obra y milagros de un personaje y no tienes el Espasa Calpe a mano, toma buena nota. **www.biographie.net** pone a tu alcance miles de fichas que pueden sacarte de más de un apuro. Hay un apartado especial para mitómanos, otro de efemérides, una galería de fotografías, encuestas, servicio de noticias de última hora... Como la información no está organizada temáticamente te aconsejamos que realices las búsquedas por un nombre concreto. En inglés, francés, alemán y español.

www.free.com. En "This is true" encontrarás noticias curiosas de todo el mundo. Para acceder completamente a toda la información disponible deberás registrarte. En inglés.

¿Te gustaría conocer una página de información diferente, con la *crême de la crême* de las noticias culturales del momento? Busca en **www.notodo.com**. Como habrás comprobado, la apuesta por la calidad es precisamente la divisa de este sitio. Las posibilidades de Internet son tan amplias que, a menudo, el usuario se pierde en la maraña de informaciones y servicios que millones de empresas ofrecen a través de la Red. Es decir, abunda la cantidad, pero no la calidad. El campo de actuación de **www.notodo.com** es la cultura, y el objetivo es recoger en sus páginas todas aquellas manifestaciones culturales que ostenten un mínimo —muy elevado— de calidad. Dividido en áreas, el proyecto se ocupa de arte, literatura, cine, fotografía, música, teatro, danza y música clásica. Existe también una sección denominada "Vivir" en la que se incluye, como complemento a la oferta de las anteriores, una amplia selección de hoteles, restaurantes, tiendas, locales..., que cumplen los requisitos de la web, es decir, calidad, encanto, buen hacer. Otro de los servicios es un selecto club en el que se presenta al usuario una serie de productos de alta calidad que pueden ser adquiridos a través de Internet. Una vez más, y acorde con la filosofía de las páginas, aquí encontrarás no todos los productos de consumo, sino sólo aquellos cuyo nivel de calidad sobrepase con mucho la media. El fin último de **www.notodo.com** es convertirse en un punto de referencia. Quien quiera estar al día en cuestiones culturales tendrá necesidad de consultar sistemáticamente la web, ya que aquí encontrará de forma destacada todo aquello que realmente merece la pena, es decir, ellos hacen la criba por ti. No están todos los libros que se publican, ni todos los discos que se editan, ni todas las exposiciones que se organizan, sino sólo aquellas previamente seleccionadas por un grupo de profesionales expertos en las diversas áreas tratadas. Su lema es "¿Qué hay aquí? No todo. Sólo lo mejor".

Y ya por último, como la etapa de estudiante un tanto perezoso la hemos pasado todos, te contamos un pequeño secreto, que puedes hacer correr a voces, por solidaridad y compañerismo. Tres estudiantes salmantinos han creado una página web en la que ofrecen apuntes y trabajos de todas las especialidades que se cursan en las diferentes universidades españolas: "El rincón del vago". **www.rincondelvago.com** es el nombre de esta página que recibe cada día más de 15.000 visitas, por lo que nada tiene que envidiar a portales generalistas como Ya.com, Navegalia o Terra. Este proyecto es como una Facultad Virtual en la que además de apuntes y trabajos se ofrecen servicios de información relativa a ofertas de empleo, críticas de cine, tesis literarias...

El diseño del portal se asemeja a una facultad, con secciones denominadas "La cafetería", "La fotocopiadora", "Los pasillos" o "Los bedeles", áreas en las que se encuentran mensajes gratuitos a móviles, propuestas de ocio y tiempo libre, curiosidades...

Informática

Mi nombre es Yolanda Ariza. Soy la pequeña experta en informática de Gomaespuma. ¿Qué hace una zamorana en la Gran Vía? ¿Qué hace una diseñadora en un programa de radio? Eso me pregunto yo. Entré en Gomaespuma para coordinar la Webería y ahora además soy una chica para todo que en lugar de bolso lleva un portátil.

¿Que me estoy yendo por las ramas? Pues sí, yo también me había dado cuenta.

Suelo usar Netscape, por dos motivos. Primero porque me gusta y segundo porque así se reparte un poquito el mercado, que no solo esta Bill Gates en el mundo.

¿Mi truco? Yo no lo llamaría truco, es simplemente comodidad. Cuando navego por una página de la que me interesan varias partes, abro ventanas con lo que me interesa. Me explico, pincho con el botón derecho del ratón, en el menú que aparece pincho sobre "Abrir vínculo en una ventana nueva" (Explorer) u *"Open in new window"* (Netscape). Y... milagro, aparece otra ventana con la información. Es cierto, así de fácil. ¡Ah!, ¿que no te he descubierto nada nuevo? Me lo esperaba.

¿Qué páginas visito yo? Todas las que puedo, las que descubro yo y las que los oyentes de Gomaespuma mandan. Internet es fascinante y puedes encontrar cosas que te hagan reír y llorar, asombrarte y deprimirte. En la Red está todo, lo absurdo, lo obvio y lo necesario.

Pero para mí Internet no lo es todo, también están los cines, los teatros o los amigos.

Campañas de contrapublicidad con mucho sentido del humor, merece la pena sobre todo la campaña antitabaco con el camello de Camel, no dejes de visitarla: **http://www.adbusters.org/campaigns/**.

Una página donde dispones de 15 Mb para poner tus fotos en Internet, revelado Online a cualquier tamaño y 8.000 imágenes nuevas para enviar o imprimir: **www.viacarla.com** (antes **www.fotofutura.com**).

La página de la revista *FV:* **http://www.omnicon.es/fv.html**.

Una página dedicada a la lomografía, no te preocupes te explican lo que es: **http://www.lomospain.com/**.

Fotoadictos, una página cuyo nombre lo dice todo, y a la que además puedes enviar tus fotos: **http://www.geocities.com/SoHo/Studios/2399/**.

La revista *Photo España* también tiene su página: **http://photoes.teleline.es/**.

Más fotografía, muy interesante: **http://www.horvatland.com/**.

Esta página chequea automáticamente la velocidad de tu módem: **http://computingcentral.msn.com/topics/bandwidth/speedtest50.asp**.

Es posible que lo que realmente te apetezca sea comprar un terrenito en Marte y dejárselo a tus bisnietos, porque de momento no podrás hacerte un chalet. Además puedes comprarte camisetas o tazas para el café: **http://www.martianconsulate.com/**.

Calma tu estrés con la página del programa de radio Agua (domingos de 5 a 7 de la tarde en M80 Radio). Sonidos relajantes y un diseño que te lleva a soñar. Te regalan un salvapantallas con el diseño de la *home* e incluyen una versión para Mac, estos chicos están en todo: **http://www.radioagua.com/**.

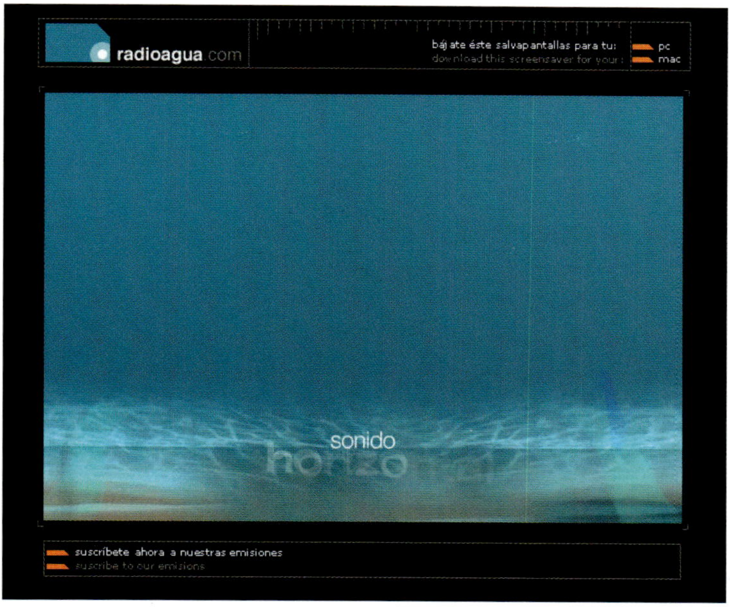

En la página que tiene la Biblioteca Santa Cruz puedes ver manuscritos como el del Beato de Liébana sin tener que estropearlo. Lo encontrarás en secciones y fondos: **http://descartes.dcs.fi.uva.es/~bhsc/**.

Este lugar tiene una selección de lo peor del arte, aunque es posible que a ti te guste: : **http://www.badart.com/**.

Esta página es un directorio sobre arte, artistas, galerías, museos...: **http://www.artplanet.com/**.

Arte digital que se hace en nuestro país, muy interesante: **http://www.espaidigital.es.org/**.

Sobre el pintor Antonio Saura. Incluye un chat, textos y algunos de sus cuadros: **http://www.geocities.com/Paris/Rue/1284/saura.html**.

El mundo de Escher en Internet: **http://www.WorldOfEscher.com/**.

Arte en la calle, es decir, *graffitis* o grafitos, según les gusta decir a algunos: **http://www.at149st.com/**.

Si te gustan los ángeles, aquí tienes una página personal con imágenes clásicas: **http://freespace.virgin.net/g.ramos-poqui/Lynne/Angels/**.

La página de la revista de diseño americana Print, puedes ver los diseños que se hacen por allí: **http://www.printmag.com/**.

Si te gusta el cómic, visita la página que tiene Ediciones la Cúpula, dibujantes como Crumb, recordar el Víbora...: **http://www.lacupula.com/**.

Mortadelo y Filemón, un clásico en nuestras vidas: **http://www.arrakis.es/~jjp/index.htm**.

Cartún, cómic animado en *flash*: **http://www.cartun.com/**.

Los organizadores del salón internacional del cómic del Principado de Asturias hacen esta página de crítica sobre cómics: **http://www.elwendigo.com/**.

También Goomer tiene su página: **http://www.el-mundo.es/goomer/index.html**.

Una página personal de interés que te ofrece la posibilidad de verla en castellano, catalán, inglés, esperanto: **http://www.bonobo.8m.com/**.

Como ellos mismos dicen, es un portal diferente donde puedes encontrar un área de Internet que te ayudará a conocer mejor este mundo virtual: **http://www.areas.net/**.

En la ciudad Unicity puedes hacerte ciudadano *(unok)* y participar en todas las cosas que te proponen. Mi favorito es el barrio del arte: **http://www. unicity.es/**.

Para enviar postales este sitio está repleto, incluso puedes mandar de ciudades españolas como si viajaras y todo: **http://ciberpostales.hypermart.net/**.

Más postales, estas están animadas: **http://www.monteazul.com/**.

Una revista de música digital con un buscador de enlaces basados en el concepto *club culture,* interesante: **http://www.enoff.com/**.

Más música en la Red, tu radio personal. Lo siento, es en inglés: **http://www.mycaster.com/**.

Buscadores que yo utilizo:

http://www.webcrawler.com/.

http://www.metacrawler.com/index.html.

A veces la memoria nos falla, aquí están los archivos sobre nuestra guerra civil, tiene además un buscador de personas. Se está construyendo: **http://www.nodo50.org/age/**.

Un portal para la mujer hispana que no sólo da recetas de cocina y dice cómo curar el acné, que nosotras también pensamos: **http://www.nosotras.com/**.

Una página personal con noticias y artículos de ciencia, tecnología, robótica... En Áreas puedes encontrar una colección gratuita de gráficos para tu web, *gifs* animados, tutoriales... Realmente muy interesante: **http://www.aircenter.net/**.

Cine de terror, mi favorito. Esta página cuenta con una guía con 205 consejos para sobrevivir en una película de terror. No te la pierdas: **http://www.granavenida.com/terror/index.htm**.

Una página para guionistas de cine y televisión hispanos: **http://www.guiones.com/**.

Una página personal dedicada al cine, con algunos guiones para poder leerlos: **http://members.xoom.com/jackcinema/**.

Más cine, guiones, noticias...: **http://multicine.xarop.com/**.

El departamento de matemáticas y ciencias de la computación de la universidad de Dexel tiene información de sus trabajos en esta página: **www.mcs.drexel.edu**.

Linux: **www.linux.org**.

Para saber cosas sobre Netscape: **www.netscape.com**.

Información sobre el lenguaje Java, tutoriales...: **www.java.sun.com**.

El editor web Hotdog en este sitio: **www.sausage.com**.

Información en inglés sobre software, en inglés: **www.allaire.com**.

America Online, correo electrónico, aviso de correo instantáneo... En inglés: **www.aol.com**.

Revista de nuevas tecnologías en Euskadi: **www.ivasca.com**.

Recursos en Internet, software, chats...: **www.maptel.es**.

Para adictos a los videojuegos, noticias, análisis, demos...: **www.meristation.com**.

Revista de Internet y cibercultura: **www.bitniks.es**.

Todas las revistas de Hobby Press las puedes encontrar en esta web, *Computer hoy, PC manía, PlayManía...* **www.hobbypress.es**.

Información sobre el sistema As 400: **www.help400.com**.

La asociación de técnicos de informática: **www.ati.es**.

Una revista sobre Autocad: **www.edimicros.es**.

La web de Mc ediciones, playstation, PC format...: **www.mcediciones.es**.

Las revistas pertenecientes a IDG comunicaciones, *Macworld, Pcworld...:* **www.idg.es**.

Empresa dedicada a la telemática: **www.ctv.es**.

Revista sobre tecnología y elementos de conexión y conectividad: **www.conectronica.com**.

Revista que orienta, informa y opina sobre Internet: **www.webRed.com**.

Puedes encontrar proyectos muy interesantes en esta página: **www.globaldrome.org**.

Otras direcciones de interés:

www.ethek.com
www.sharkyextreme.com
www.sblive.com
www.diamondmm.com
www.guillemot.com
www.s3.com
www.3dfx.com
www.matrox.com
www.nvidia.com

Internet

"LO QUE HACEMOS LOS MECÁNICOS"
Rafael Agustino

Hola, mi nombre es Rafael Agustino. Soy el responsable en el programa de Gomaespuma de la sección "Lo que hacemos los mecánicos", dedicada a todos los temas de informática y, por supuesto, cómo no, a Internet.

Llevo quince años entre teclados, ratones y pantallas, entre hardware, software y CD Roms, y en las próximas líneas voy a intentar contaros algunos detalles acerca de Internet desde mi punto de vista y cómo utilizo la Red en mi vida profesional.

Ante todo quiero recalcar que me dedico profesionalmente a Internet. Tras unos años en otras tareas en el mundo de los ordenadores, desde 1995 trabajo en temas de la Red tras fundar la empresa Espacio Digital, que se dedica a diseñar y desarrollar páginas web y otros servicios en Internet, entre ellos, la Webería de Gomaespuma (**www.gomaespuma.net**). Por tanto, mi visión siempre estará ligada al aspecto profesional de la informática, aunque espero que os sirva de ayuda a aquellos que comencéis a navegar por la Red.

Lo primero a tener en cuenta cuando queremos usar Internet es definir para qué lo queremos: ¿ocio, trabajo, búsqueda de información, música, vídeos, textos...? Esto es importante, ya que definirá el tipo de conexión y de ordenador a elegir para sacar el máximo rendimiento. Aunque el equipo mínimo para conectarse a Internet es muy básico, hay que tener en cuenta que "estar" en Internet es "estar a la última". Es decir, con acceso a las últimas novedades de todo: tipos de programas, ficheros, versiones, últimos juegos..., y puede ocurrir que en poco tiempo una máquina básica no nos permita sacar todo el partido de lo que vemos y que podríamos bajar para utilizar. Por ello, si eres curioso, te gusta Internet y las novedades, te recomiendo un equipo potente (si está dentro de tus posibilidades) y sobre todo, preparado para multimedia, con tarjeta de audio y altavoces, ya que te permitirá disfrutar mucho más de tu navegación por Internet.

Utilizo Internet a diario. A nivel profesional me sirve para buscar noticias y novedades que me ayudan a preparar mi sección para el programa de radio cada semana, así como buscar información más concreta para mi profesión relacionada con el diseño y la programación de páginas web; recursos y utilidades que me facilitan en el día a día el desarrollo de mi trabajo.

Lo mejor y lo peor que tiene Internet es la gran información que proporciona. Cada página te puede llevar a cientos de páginas con temas relacionados y, a veces, lo complicado es encontrar rápidamente buenas direcciones a las que acceder para optimizar tu tiempo y no pasarte horas y horas navegando de aquí para allá. Para ello, hay que dedicarle muchas horas al principio e ir seleccionando las direcciones preferidas a las que luego se recurre directamente desde el fichero de favoritos o *bookmarks* del navegador. O también utilizar libros como este, donde se encuentran algunas direcciones útiles por las que comenzar.

A continuación intentaré aportar mi granito de arena y citaré algunas de las direcciones que yo visito o utilizo frecuentemente. Si tu interés está en el mundo de la informática o de Internet espero que te ayuden en algo.

Información sobre tecnología en el periódico *ABC:* **http://abc.es/teknologica/**.

Dos secciones del periódico *El Mundo* con información sobre Internet, El Navegante **http://www.el-mundo.es/navegante/diario/** y El Catalejo **http://www.elmundo.es/navegante/diario/catalejo/**.

En el periódico *El País,* El Ciberpaís **http://www.ciberpais.elpais.es/** y DigitalCual **http://www.elpais.es/p/d/temas/pisani/portada.htm**.

Sólo en Internet, noticias actuales relacionadas con tecnología..., IBRUJULA: **http://ibrujula.com/**.

Otro periódico exclusivamente de Internet, *Estrella Digital:* **http://www.ciberestrella.com/**.

NOTICIAS.COM: **http://www.noticias.com/**.

Noticias en It NEWS: **http://www.bpenews.com/**.

La sección de Ciencia y Tecnología en CNN en Español: **http://cnnenespanol.com/tec/1999/02/20/iInternet.copyrights.idg/index.html**.

CanalMP.com: **http://canalmp.com/**.

FCMULTIMEDIA: **http://www.fcmultimedia.com/**.

EN-LINEA: **http://www.en-linea.net/**.

LAS NOTICIAS (en la Red): **http://www.lasnoticias.org/**.

Noticias sobre Microsoft Network en inglés: **http://www.msn.com/**, y en español: **http://www.msn.es/**.

ABCNEWS.com, en inglés: **http://abcnews.go.com/sections/tech/**.

Información sobre Netscape en español: **http://home.es.netscape.com/es/es**, y en inglés: **http://home.netscape.com/**.

Servidor FTP de Netscape, en inglés: **ftp://ftp3.netscape.com/pub/**.

Mensajería instantánea con AOL, Instant Messenger: **http://www.newaol.com/aim/netscape/adb00.html**.

Personalización del Netscape, en inglés: **http://my.netscape.com/**.

Lo último de Netscape, *What's Cool,* en inglés: **http://home.netscape.com/netcenter/cool.html**.

Novedades en Netscape, *What's New,* en inglés: **http://home.netscape.com/netcenter/new.html**.

Noticias sobre Microsoft, en inglés: **http://www.microsoft.com/**, y en español: **http://www.microsoft.com/Spain/**.

Microsoft Network: **http://www.msn.com/**, y en español: **http://www.msn.es/**.

Home de Windows, en español: **http://www.microsoft.com/isapi/Redir.dll?prd=ie&ar=windows**.

Novedades de Internet Explorer, en español: **http://www.microsoft.com/isapi/Redir.dll?prd=ie&clcid=0x0c0a&pver=4.0&ar=Inews**.

Personalizar vínculos, en español: **http://www.microsoft.com/isapi/Redir.dll?prd=ie&pver=5.0&ar=Clinks**.

Home de Apple Computer, en inglés: **http://www.apple.com/**, y en español: **http://www.apple.es/**.

QuickTime en inglés: **http://quicktime.apple.com/**, y en español: **http://www.apple.com/es/quicktime/**.

Home de Adobe, en inglés: **http://www.adobe.com/**, y en español: **http://www.adobe.es/**.

Home de Macromedia, en inglés: **http://www.macromedia.com/**, y en español: **http://www.macromedia.es**.

Shockwave: **http://www.shockwave.com/**.

Downloads Gratuitos de Macromedia, en inglés: **http://www.macromedia.com/es/software/downloads/**.

Home de Intel: **http://www.intel.com/**.

Home de Hewlett Packard, en inglés: **http://www.hp.com/**, y en español: **http://www.hp.es/**.

Sun Microsystems, en inglés: **http://www.sun.com/** y en español: **http://www.sun.es/**.

Links a temas de Java, en inglés: **http://search.yahoo.com/bin/search?p=java+applets**.

Más Java, en inglés: **http://www.java.co.uk/**.

La web de Macintosh, en inglés: **http://www.macinsearch.com/**.

MacFixIt, en inglés: **http://macfixit.pair.com/**.

Mac Resource, en inglés: **http://www.macresource.com/mrp/menu.html**.

Buscador de gente, en inglés: **http://home.netscape.com/bookmark/4_7/people.html**.

Un calendario, en inglés: **http://home.netscape.com/bookmark/4_7/ptcalendar.html**.

Desde esta dirección puedes mandar mensajes a móviles: **http://www.terra.es/sms/**.

Un clasificador de favoritos en esta página, Iharvest. En inglés: **http://www.iharvest.com/**.

La web de los trucos, en español: **http://www.ciudadfutura.com/webtrucos/index1.html**.

Trucos y sitios web en Internet para personalización, en español: **http://ibrujula.com/news/noticia.php3?id=1933**.

Downloads (gratuitos) de Macromedia de los *plug-in* de Shockwave, *flash...*, en inglés: **http://www.macromedia.com/es/software/downloads/**.

El *plug-in* de QuickTime te lo puedes bajar aquí. En inglés: **http://quicktime.apple.com/** y en español: **http://www.apple.com/es/quicktime/**.

Para bajarte el RealPlayer, en inglés: **http://www.real.com/**.

Cuando quiero bajarme un enlace o una imagen puedo situarme sobre ella y hacer click con el botón derecho, activando "Guardar imagen o enlace como...", lo cual me saca una ventana de diálogo para guardar ese fichero a mi disco duro.

Para acelerar el proceso de descarga puedo utilizar algún software especial como por ejemplo:

Download Acelerator Plus establece varias conexiones paralelas bajando distintos fragmentos del fichero desde cada una de ellas y acelerando el proceso. Además me permite parar y reiniciar en otro momento la descarga de ficheros: **www.downloadacelerator.com**.

Shareware Intercom, en español: **http://shareware.intercom.es/**.

Shareware.com, en inglés: **http://www.shareware.com/**.

Todo Gratis en Internet: **http://todogratis.hypermart. net/**.

Shareware Directory, en inglés: **http://home.netscape.com/bookmark/4_7/sharewaRedirectory.html**.

Lo que es gratis en Internet: **http://www.esgratis.net/**.

Welcome to shareware.com: **http://www.shareware.com/**.

Tucows network, el reino de los *downloads,* en inglés: **http://www.tucows.com/**.

Downloads gratuitos de Macromedia, en español: **http://www.macromedia.com/es/software/downloads/**.

Download: **www.download.com**.

Jumbo: **www.jumbo.com**.

Freeware: **ferca.net/esgratis/**.

Topsoft: **www.topsoft.com**.

Aprende a reconocer las páginas, hijo, que pareces tonto

El lenguaje utilizado para crear páginas en Internet es el HTML. Actualmente existen extensiones de este, otros lenguajes y *plug-in* que se añaden al código HTML para crear páginas más atractivas, animadas y funcionales. Aquí va una pequeña guía para identificar cómo se ha hecho una página que estamos visitando (y hacernos los entendidos frente a los amigos):

Si la página contiene sólo textos y gráficos estará hecha con HTML o HTML dinámico (este tiene distintas capas). Puede existir alguna animación en forma de *gif* animado (formato gráfico).

Si al pasar el ratón por encima de algún botón este cambia de estado, lo más seguro es que la página incluya programación añadida con Javascript.

Si ves un *banner* de noticias que van de derecha a izquierda o de abajo a arriba, o entras en un chat, estarán programados en Java.

Cuando vemos grandes animaciones con audio y mucho movimiento, lo más seguro es que se esté utilizando el *plug-in flash* de Macromedia.

EDUCARED, en español: **http://www.educaRed.net/home.html**.

Stratos (Asociación de Desarrolladores), en español: **http://www.stratos-ad.com/stratos/recursos/index.htm**.

DHTML (Zone–Tutorials), tutoriales en inglés: **http://www.dhtmlzone.com/tutorials/index.html**.

WDVL *(The Illustrated Encyclopedia of Web Technology),* evidentemente en inglés: **http://stars.com**.

EXtropia, en inglés: **http://www.extropia.com**.

Glosario de Internet, en español: **http://www.uco.es/ccc/glosario/glosario.html**.

Guía de Internet, en español: **http://www.obyron.com/manuint/man00.htm**.

Guía Online para principiantes, en español: **http://www.screen.com/clase/guide/default.html**.

Manual de HTML, página indicada especialmente para todos aquellos que quieran confeccionar su propia página web. Aquí hallarás todo lo que necesites saber sobre HTML: la estructura básica, la división del documento, los elementos (tablas, mapas, formularios...), las extensiones y algunos trucos. Tiene un FAQ. Si no encuentras en ella lo que necesitas, puedes hacer tus consultas por correo electrónico o suscribirte a su lista de forma gratuita, en español: **http://www.geocities.com/SiliconValley/2915/manual.htm**.

Web Overview Seminar, en inglés: **http://www.cio.com/WebMaster/sem2_home.html**.

Índice de recursos Java, en español: **http://www.geocities.com/SiliconValley/Lakes/5276/man1.html**.

Tutorial de Java en español: **http://members.es.tripod.de/froufe/**.

The Web Designer, en inglés: **http://web.canlink.com/webdesign/**.

Screamdesign, en inglés: **http://www.screamdesign.com/**.

ComputerImages-Technical Support, en inglés: **http://www.computerimages.com/support.html**.

Lines-Graphic Element Samples, en inglés: **http://www-cs.stanford.edu/gifs/lines.html**.

Graphic Element Samples, en inglés: **http://www.cs.stanford.edu/gifs/**.

http://www.cio.com/WebMaster/sem2_home.html. Un manual con la World Wide Web como tema principal. Es un sitio fantástico para todos aquellos que empiezan en esto de Internet y quieran descubrir qué posibilidades brinda la WWW. La información viene completada con gráficos explicativos y multitud de enlaces a sitios de interés.

http://www.webmaster.com/. Con la lectura de este manual aprenderás a realizar tu propia página en Internet. Tiene tres niveles: uno básico, otro intermedio y, por último, uno avanzado. Aprenderás a utilizar el HTML o Java, y todo lo que debes saber acerca de los fondos, animaciones, sonido, *frames,* cuestionarios. Incluso puedes cargar el manual en el ordenador sin estar conectado y de esta forma te ahorras unos cuantos durillos. La actualización de la información contenida en las páginas es continúa. En inglés.

http://www.dejanews.com/. Es una forma de acercarse al mundo de los grupos de noticias por la WWW. Se trata de una web desde la que podrás acceder a más de 80.000 foros de discusión, que están agrupados por temas (entretenimiento, tecnología, deportes...). Este sitio cuenta además con un buscador desde donde podrás localizar mensajes y comunidades.

FAQ.Org: **http://www.faq.org/**. FAQ, como sabes, son las siglas en inglés para *Frequently Asked Questions,* es decir, las preguntas que se hacen de forma más frecuente. Si no quieres que te echen la bronca en todos los sitios por preguntar cosas que ya han sido contestadas en multitud de ocasiones, deberías consultar esta página, en la que los FAQ están ordenados por materias. Además tienen un motor de búsqueda bastante bueno.

Juegos

P*ortal games,* trucos, análisis, chats y noticias relacionadas con los juegos: **http://cyber-box.com/sgz/**.

Tus juegos, un lugar donde descargarte y compartir juegos para PC: **http://members.xoom.com/tusjuegos/**.

En la web de Lobay puedes encontrar todo lo relacionado con los juegos, para Playstation, Nintendo, PC: **http://www.cyberweb.es/~lodeiro/**.

Animal software es un grupo asturiano que se dedica a programar juegos, en esta página puedes ver lo que hacen y jugar, claro: **http://petra.euitio.uniovi.es/~i1437892/**.

Publijuegos, arcade, aventuras, tetrismania, Online y todo download ¿qué más quieres?: **http://www.publijuegos.com**.

Cosmoquiz es interactivo, en línea, multimedia, multilenguas y casi ilimitado, ¡más de 5.000 preguntas!: **http://www.cosmoquiz.com/es/**.

¿Te acuerdas de las máquinas de millón? Aquí tienes una página dedicada al pinball con enlaces, noticias, analisis de los juegos... y sin hacer TILT: **http://perso.wanadoo.es/pinball/**.

www.gamesville.com. Encontrarás el mayor lugar de juegos de la Red, como "Bingo Zone" o "Quick-Draw Poker".

Games Domain, en inglés: **www.gamesdomain.co.uk**.

Gamecenter, en inglés: **www.gamecenter.com**.

Cooming Soon Magazine, Playstation, Sega y juegos para PC, en inglés: **www.csoon.com**.

Computers Games Online, noticias, *downloads...*, en inglés: **www.cdmag.com**.

Libros

Stephen King: puedes leer la biografía de este maestro del terror o curiosear en los personajes y otras cosillas: **http://www.granavenida.com/stephenking/index_2.htm**.

Borges y Nabokov en esta página: **www.nexos.com**.

La web de los escritores con numerosos enlaces a otras páginas: **www.cyberclara.com**.

Un lugar para la literatura infantil: **www.geocities.com/Paris/library/3227**.

Una revista para los escritores, con la oportunidad de publicar en su web, en español: **www.letralia.com**.

Numerosos archivos de escritores conocidos: **www.deusto.com**.

En esta web en español puedes encontrar noticias literarias: **www.mundolatino.org/cultura**.

En Escritores puedes encontrar recursos, talleres, correcciones…: **www.escritores.org**.

Literatura chilena en la Red: **www.escritores.cl**.

www.dingir.org nos ofrece enlaces a numerosos escritores del universo literario.

El club de Autoeditores Toma y Lee, **www.tomaylee.com**, te ofrece la oportunidad de editar tu propia obra sin cargar con los costos de infraestructura, gestión y distribución propios de una editorial. Podrás convertirte en tu propio editor y distribuidor aprovechando las ventajas y servicios de este novedoso Club de Editores.

Moda

Elle USA: **www.elle.com**.
Elle Francia: **www.elle.fr**.
Vogue: **www.vogue.co.uk**.
Cosmopolitan: **cosmomag.com**.
Paris Match: **www.parismatch.com**.
Telva: **www.estarguapa.com**.

Motor

www.exoticcars.com. Si eres de los que suspiras por un Ferrari, un Porsche o un Lotus aquí encontrarás toda la información disponible acerca de estos utilitarios de superlujo. Precios, prestaciones, ventajas, inconvenientes, incluso la posibilidad de hacer reservas.

www.americanrentals.com. Si tienes pensado viajar a Estados Unidos y recorrer el país en coche podrás hacer tu reserva a través de Internet en esta página. En inglés.

www.thrifty.com. Para los aventureros que quieran conocer Estados Unidos, Canadá, Europa, Asia, Australia, África e, incluso, el Caribe. Una infinita selección de coches habilitados para cada desplazamiento. En inglés.

www.4x44u.com. Internautas con sed de aventuras rodadas donde se puede participar con coche propio. En inglés.

www.guiamotor.com. Esta revista presenta una edición virtual excelente. Amplia información sobre el mundo del motor en castellano.

www.motorweb-es.com. En esta página tienes información sobre Ferrari, noticias relacionadas con el motor, foros, y otras cosas interesantes en español.

Museos

Andy Warhol Museum: **www.clpgh.org/warhol/**.

El Louvre de París, en español aunque puedes visitarlo también en francés, inglés y japonés: **http://www.louvre.fr/espanol.htm**.

Centro de Arte Contemporáneo, en inglés: **www.spiral.org**.

Todos los museos de la Fundación Guggenheim: **www.guggenheim.org**.

Museo de Arte Moderno de Nueva York, en inglés: **www.moma.org**.

El Museo del Prado virtual: **http://museoprado.mcu.es**.

El Museo Thyssen: **http://www.museothyssen.org**.

El Museo Reina Sofía de Arte Contemporáneo: **http://museoreinasofia.mcu.es**.

El Instituto Valenciano de Arte Moderno, para visitarlo en valenciano, inglés o francés: **http://www.ivam.es/index2.htm**.

El Museo Picasso: **http://www.tamu.edu/mocl/picasso/news/museue.html**.

El Museo Casa Lis, de Art Nouveau y Art Déco: **http://www.museocasalis.org**.

El Museo de América: **http://www.geocities.com/museo_de_america/**.

Música

"SÓLO QUE DE CANTAR QUE DE CANTAR"
Santiago Alcanda

Mi nombre es Santiago Alcanda. Soy el responsable de la sección musical del programa Gomaespuma. He hecho de la música mi filosofía de vida y transmitir mi pasión por la música a los oyentes que cada mañana echan a andar escuchando el programa es el objetivo que persigo cada día. La música es un mundo para vivir intensamente. Un artista no es sólo su música, sino su vida, sus experiencias, su entorno..., información que antes sólo manejaban aquellos privilegiados que podían comprarse libros —no sin un gran esfuerzo económico en algunas ocasiones— y que en la actualidad se almacena en abundancia y con gran diversidad en la Red.

Biografías, discográficas, anécdotas, fechas concretas, festivales, letras de canciones, fotografías, portadas, memorabilia, rarezas..., información ilimitada ahora al alcance de tu mano.

Entre las direcciones que habitualmente manejo para preparar mi sección voy a recomendarte esta: **www.guiademusica.com**. Es una de las biblias musicales en español. Aquí encontrarás todos los nombres, empresas, direcciones, teléfonos y faxes de la profesión musical. Desde 1997, Ediciones Guía de Música pone sus tres publicaciones —el mayor banco de datos de la música y el espectáculo— en Internet.

Desde su *home-page* puedes acceder a un amplio menú: artistas, *management,* servicios auxiliares, promotores y producción, escenarios, servicios de gestión, sonido y luces, estudios de sonido, fábricas de discos, compañías discográficas y distribuidoras, editoriales musicales, anunciantes, e incluso, hay posibilidad de compra a través del correo.

Hay un buscador específico englobado dentro del buscador de Microsoft para buscar emisoras musicales: **www.windowsmedia.microsoft.com**.

Otras direcciones muy interesantes donde puedes saciar todo tipo de duda musical son:

Un buscador de información sobre música: **www.allmusic.com**.

Con el buscador **www.ubl.com** podrás acceder a las páginas web de las emisoras americanas más importantes del momento.

La página de los premios Grammy, en inglés, claro está, es **www.grammy.org**.

Información sobre la emisora Los 40 Principales, consultar la lista de música, novedades, conciertos... incluso ver el estudio: **www.cadena40.es**.

Si te gusta la música afrocaribeña este sitio es fabuloso: **http://www.mediaport.net/Music/index.en.html**.

Una ventana musical con acceso a ficheros media, MP3, *downloads* y noticias musicales: **www.sonique.com**.

Información, conciertos, grupos de rock de habla hispana en **www.rockeros.com**.

Revistas musicales: **www.musica.org**.

El portal de la música en la Red, en español: **www.gacetamusical.com**, **www.jazzRed.com**.

Noticias relacionadas con la música caribeña y latina en **www.salsanoticas.com**.

Información y MP3, en inglés, en **www.ubl.com**.

Una página musical, en inglés: **www.pollstar.com**.

La página **www.billboard.com** tiene su versión en castellano: **www.starmedia.com/billoboard**.

Rock, pop, hiphop... todo en inglés: **www.muchmusic.com** y **www.gavin.com**.

Información musical en inglés: **www.imusic.interserv.com** y **www.mtv.com**.

En inglés, más información sobre música y artistas: **www.music.com**.

Merchandising, biografías, noticias...: **www.onstage. es**.

La revista *Rollingstone,* en inglés: **www.rollingstone.com**.

Dance, pop, rock, jazz, en inglés: **www.sonicnet.com**.

Noticias musicales en inglés: **www.vh1.com** y **www.wallofsound.go.com**.

En inglés: **www.music365.co.uk**.

La mítica BBC inglesa: **www.bbc.co.uk**.

Novedades musicales, en inglés: **www.virginradio.com**.

También en inglés, música en el aire: **www.capitalgold.com**.

Música y más música: **www.core.musicradio.com**.

Una emisora gay en la Red: **www.gaybc.com**.

Información, en inglés: **www.wrsi.com**.

En inglés, on line: **www.air1.com**.

La emisora KKCR Online, en inglés: **www.kkcr.org**.

Música on line, en inglés: **www.nwez.net**.

Música rock clásica en la Red: **www.arrow.nl**.

Emisora independiente canadiense en *liquid audio:* **www.littleditty.com**.

¿Qué hay en la música ahora?: **www.bandsite.com**.

La emisora, Chuo Online: **www.chuo.org**.

En inglés: **www.houseohits.com**.

Radio en Internet, en *real audio* o en MP3: **www.eyeqradio.com**.

Más información musical en inglés: **www.ezcd.com**.

Una emisora de Dublín, en inglés, claro está: **www.fm104.ie**.

Si eres de los que te sientes marginado por las corrientes musicales que imperan en la actualidad echa un vistazo a **www.antimtv.com**. AntiMTV es la respuesta de un "metalhead" ante el sesgo que ha tomado la cadena musical más popular del planeta en los últimos años. Recoge toda la actualidad del *heavy metal* y el *hardcore* enmarcada en un buen diseño y, además de las lógicas crónicas de conciertos, descargas de vídeos, críticas de álbumes y entrevistas, constituye una puerta abierta para todos aquellos grupos que tengan algo interesante que contar.

Por último, si eres de los que disfrutas navegando por el dial de tu aparato de radio, tienes una de las mayores guías de audio y vídeo en castellano de la Red en **www.windowsmedia.com**. Desde aquí puedes acceder a cientos de emisoras clasificadas por su localización, tipo de programación o idioma.

Otras direcciones (para comprar):

La oferta de la página **www.cdworld.com**. abarca 200.000 discos además de juegos, libros, películas y vídeos musicales. El mayor atractivo de esta oferta es el precio.

No podrás resistirte ante las innumerables rebajas que te ofrece la página **www.towerrecords.com**. En la base de datos podrás buscar bien por intérprete, por canción o por productor.

www.telecd.de. Interminable base de datos en la que buscar y encargar títulos de entre más de 300.000. La búsqueda puede realizarse en cinco idiomas.

www.cdnow.com. Muy económico. Búsqueda por intérprete, título, sello o disco.

www.frudisk.com. Se define a sí misma como "La mejor tienda de música en Internet". Por si eso no es suficiente, si el disco que quieres no lo encuentras ellos se comprometen a conseguírtelo.

www.discoweb.com. Con cada pedido te regalan un CD de música clásica.

Y por fin, algo de MP3:

MP3 WebListen, en español: **http://www.weblisten.com**.

MP3.com, en inglés: **http://www.mp3.com**.

Organiza tu música, en español: **http://www.organiza.com**.

Niños-Internet

El mundo de Internet tiene también su ciberespacio dedicado a los más pequeños de la casa. A continuación te damos unas direcciones donde los niños podrán navegar libremente, sin que los padres tengan que preocuparse por los contenidos de las web a los que accedan los jóvenes internautas.

Yahooligans!: **www.yahooligans.com**. Una guía de Internet creada y diseñada especialmente para navegantes de 7 a 12 años. Juegos, animaciones, páginas musicales con todas las noticias e información de sus ídolos, deportes, cine, cultura...

Kids on campus: **www.tc.cornell.edu/Kids.on.Campus/WWWDemo/**. Ofrece una pequeña selección de enlaces sobre temas de ciencia y arte con un contenido tan sencillo que pueden utilizarse como juegos con fines educativos. La parte más divertida la encuentras en la sección "Playtime" con *links* a páginas de deportes y juegos.

Kidlink: **www.kidlink.org**. Lo novedoso de este sitio es la posibilidad de participar en numerosos chats en tiempo real y diversos foros de debate.

http://www.geocities.com/CapeCanaveral/Lab/1719/index.html. Un sitio que hace que la ciencia sea divertida para los niños, con anécdotas, citas, curiosidades y algo nuevo, la ciencia en la cocina.

Organizaciones internacionales

La Commonwealth tiene su página en la Red: **www.thecommonwealt.org**.

La página de la ONU: **www.unicc.org/unhcr**.

La OTAN: **www.nato.int**.

UNESCO: **www.unesco.org**.

Internet dispone desde hace tiempo de su propio cuerpo de policía. En sus páginas se pueden denunciar los delitos detectados en la Red e, incluso, conocer informes de otros casos: **www.web-police.org**.

Política

Asociación África de Ciencias Políticas: **www.aaps.co. zw/**. Esta asociación se encarga de estudiar el futuro político de África. Se integran numerosos enlaces, referencias y fuentes de información.

Gobierno de Singapur: **www.gov.sg**. Ofertas de servicios Online del Gobierno de Singapur.

Autoridad Nacional Palestina: **www.pna.net**. Páginas que entre otras cosas muestran temas actuales del proceso de paz.

Ministerio de Exportación Japonés: **www.miti.go.jp/index-e.html**. Encontrarás información económica a raudales y todo sobre las relaciones económicas del país nipón.

Gobierno de Nueva Zelanda: **www.executive.govt.nz**. Tienes la posibilidad de participar en debates sobre temas actuales.

Comisión Europea: **www.europa.eu.int/comm/index_es.htm**. Datos sobre todos los documentos que ocupan a los comisarios de la Unión y sus programas de trabajo.

Parlamento Europeo: **www.europarl.eu.int**. La fuente de información más completa, fiable y provechosa sobre la institución con sede en Bruselas. En todos los idiomas de la Unión Europea.

República de Colombia: **www.presidencia.gov.co**.

Gobierno de Brasil: **www.brasil.gov.br**.

El Senado de Estados Unidos: **www.senate.gov**.

Además de numerosas órdenes de busca y captura y de la lista de los diez criminales más buscados de Estados Unidos, el FBI ofrece en su web datos sobre su historia y las investigaciones actuales más importantes: **www.fbi.gov**.

La CIA: **www.odci.gov**. Página web del servicio secreto norteamericano, uno de los objetivos preferidos de los *hackers*.

Cámara de los Lores Británicos: **www.parliament.the-stationery-office.co.uk**.

Cámara de los Comunes: **www.parliament.uk commons/HSECOM.HTM**.

Gobierno de Irlanda: **www.irlgov.ie/govdept.htm**.

Congreso de los Diputados Español: **www.congreso.es**. Además de conocer datos sobre la Cámara Baja puedes conectar con otros estamentos del Estado.

La página de la Cámara Alta del Estado Español: **www.senado.es**.

La Moncloa, la "casita del Jose" en la Red: **www.la-moncloa.es**.

La Casa Blanca, el hogar de los presidentes americanos y paraíso de los *hackers:* **www.whitehouse.gov/WH/Welcome.html**.

Portales

En la primera parte de este libro te hablamos de los portales, pero queremos añadir dos más.

www.campusRed.net. Un portal dedicado a los universitarios que ofrece información y servicios para los universitarios y futuros universitarios españoles.

www.universia.net. Treinta y dos universidades participan en este proyecto.

Religión

Una página que ofrece textos en sánscrito, herramientas para aprender esta lengua y enlaces con diccionarios de sánscrito. Ideal para los estudiosos del hinduismo. En inglés: **www.geocities.com/RodeoDrive/1415/sanskrit.html**.

www.zoroastrianism.com/. Para los interesados en la religión de Zaratustra. En inglés.

http://www.human.toyogakuen-u.ac.jp/~acmuller/index.html. Budismo, taoísmo y confucianismo. Todo sobre las culturas, lenguas y religiones asiáticas.

http://landow.stg.brown.edu/post/nigeria/yorubarel.html. Información sobre la religión yoruba, en inglés.

http://www.sheps.com/ancestors/. Religiones africanas en la Red. En inglés.

http://www.hechicero.com/home2.html. Santería contada por un hechicero que lo pasó fatal. En inglés y español.

http://www.church-of-the-lukumi.org/. Santería en Cuba aunque la página está en inglés.

http://www.seanet.com/Users/efunmoyiwa/santeria.html. Santería en inglés.

http://www.nando.net/prof/caribe/voodoo.html. Información general sobre el vudú que se practica en la zona del Caribe. En inglés.

http://www.geocities.com/rracha/. Teología de la liberación en esta página personal.

http://www.uaca.ac.cr/acta/1990may/adimare1.htm. Información cronológica sobre la iglesia cristiana.

http://www.spiritweb.org/Spirit/reincarnation.html. Una página sobre la reencarnación.

http://www.geocities.com/Athens/Forum/1699/. Religiones del mundo. En inglés.

Salud

"LO QUE MATA ES LA HUMEDAD"

Alfonso del Álamo

Mi nombre es Alfonso y comencé a utilizar la Red en el año 1995. En realidad, lo que más me fascina de la Red es la capacidad de comunicación personal. Poder enviar un correo electrónico desde Tegucigalpa a Malabo con copia a Salvador de Bahía, Cali y Tirana. La conexión con todos esos grandes amigos hechos en tantos años de vida errabunda con los que he pasado momentos inolvidables, con quienes he compartido visiones e ilusiones, era lenta y desesperante hasta la extinción. Con la conexión cibernauta los tengo a todos a mi lado. Sabemos con rapidez dónde nos encontramos, avisamos de llegadas extemporáneas y concertamos citas fantásticas en áreas de espera de aeropuertos. Y muchas más cosas. Poder escribir cada día a mis hijos cuando estoy de viaje, sin tener que gastar una fortuna en rápidas y, a veces, idiotas llamadas telefónicas. Felicitar la Navidad a veinte amigos de un plumazo.

Por otra parte, el correo electrónico ha supuesto un cambio radical en la rapidez de mi trabajo. Dado que casi siempre tengo que trabajar en equipo con compañeros de otros países, siempre estaba con los líos de envíos de documentos borradores por "*courier* internacional", esperando que me llegara la respuesta y me encontrara en casa para recoger el paquete. Y vuelta a empezar. Así hasta tres o cuatro veces. Ahora le envío un borrador de 40 páginas a mi colega a Helsinki y él me lo devuelve corregido y/o comentado al día siguiente. Es fantástico.

No uso el chat. No me gusta. Pero he descubierto un sistema llamado "Por voz" a través de Internet que a determinadas horas es fabuloso (Net2Phone). Puedes hablar desde tu ordenador con Managua durante una hora por 20 dólares. Es un poco lento pero es genial.

En cuanto a la información que utilizo en la Red, hay varias cosas que consulto de forma regular y otras cuestiones que prácticamente ya sólo hago a través de Internet. Entre estas últimas están los temas de operaciones bancarias, las búsquedas de hoteles y viajes baratos de avión, los anuncios de segunda mano y las noticias sobre rugby. Entre las primeras están todos los temas de información profesional que necesito para la elaboración de trabajos o artículos. Información estadística sobre países, enfermedades, reuniones de interés, publicaciones científicas...

Odio que me envíen pijadas, chistes o fotos idiotas.

En cuanto a mis herramientas, prefiero el Netscape. Me parece mucho más útil y bonito que el Explorer y lo uso a pesar de que el Explorer está mejor adaptado a Windows. Ya se sabe, el montaje del Sr. Gates. A la hora de buscar información lo hago a través de **yahoo.com**, tanto en su versión inglesa como en la española. Si necesito ampliar datos mis opciones son: Altavista o Inktomi. Tengo mi propio servidor de Internet y un buzón que puedo abrir desde cualquier lugar del mundo. También tengo el típico WebMail con Yahoo (por cierto, no sé si sabéis que los "yahoo" eran los personajes que vivían en la "Ciudad de los Inmortales" en el cuento de Borges).

Algunas direcciones que considero útiles o interesantes desde mi perspectiva profesional como experto en salud, desarrollo y cooperación son:

Organización Mundial de la Salud (OMS): **http://www.who.ch/**.

Organización Mundial de la Salud (Malaria): **http://www.who.int/tdr/diseases/malaria/default.htm**.

Página web de la Oficina de Ayuda Humanitaria de la Unión Europea: **http://europa.eu.int/comm/echo/en/index.html**. Página mejorable y disponible en inglés y en francés.

¿Quieres trabajar en la Organización Panamericana de la Salud (OPS)? No es sencillo, pero por intentarlo nada se pierde: **http://www.paho.org/english/apl/aplvacan.htm**.

La mejor librería técnica de Madrid. Con todas las publicaciones de los Organismos Internacionales (OMS, Banco Mundial, UNICEF...): **http://www.tsai.es/mprensa/**.

La página web de la prestigiosa revista de divulgación científica. Muy buena y recomendable: **http://www.nature.com/nm**.

Un paseo fantástico por el África negra: **http://www.africaonline.com/**.

Si deseas dejar de fumar de verdad busca apoyos en esta dirección: **http://www.who.int/toh/Otherlinks/otherlinks.html**.

Temas en torno a la salud y la forma física: **Balance.net**.

YogaNet: **www.yogajournal.com**. Consejos sobre alimentación, cuidados físicos y mentales...

En Micro Magazine. Muchas recomendaciones sobre salud, además de enlaces a otros lugares de la Red: **www.cancom.com**.

Consejos, ayudas, información de última hornada y tablas de tratamiento del denominado mal del siglo xx, el sida: **www.intercom.es/sidastud/**. Opción de consultar en inglés, español o catalán.

Información y noticias actuales sobre el sida. Tratamientos nuevos, medicamentos y un glosario muy completo de términos técnicos: **www.aidsinfonyc.org/network/laRed/index.html**.

La página web de la revista *Homeopathy* ofrece la información más reciente del mundo de la homeopatía: **www.lyghtforce.com/HomeopathyOnline/**.

Descubrirás los poderes curativos —aunque te parezca increíble— de cosas tan comunes como la luz, el aire, las plantas, la tierra y la propia mente: **www.personal.Redestb.es/martin/**. Hay una sección bastante interesante de "geopuntura".

Una de las páginas web más generales en cuanto a salud se refiere: **www.espanol.yahoo.com/salud/**. A destacar un atractivo diseño y numerosos *links*.

Sindicatos

CC.OO.: **www.ccoo.es**.
UGT: **www.ugt.es**.
CNT: **www.cnt.es**.

Solidaridad

"QUE TE PIRES MUNDI"
Pedro Fusté

Pedro Fusté es nuestro colaborador más solidario. Comprometido siempre con las causas más nobles, cada lunes Pedro acerca al oyente de Gomaespuma propuestas y proyectos de ayuda humanitaria de reciente puesta en marcha. Con la independencia y objetividad como primeras premisas, Pedro Fusté es nuestro enlace más directo con todas aquellas organizaciones y asociaciones que sin ánimo de lucro trabajan por hacer más fácil la vida de todos aquellos que lo necesiten. Con el desarrollo de Internet las vías de comunicación e información utilizadas por Pedro se han expandido. Actualmente son millones las páginas web que se encuentran en la Red y son decenas de miles las entidades que utilizan este medio para comunicarse, difundir sus ideas y compartir recursos. En definitiva, Internet se ha convertido en una herramienta más para que muchas personas descubramos otra manera de acercarnos al mundo de la solidaridad. Aquí tienes algunas de las direcciones utilizadas por Pedro Fusté tanto en su vida profesional como a la hora de preparar su sección "Que te pires Mundi" en nuestro programa:

www.ix.apc.org/bdong/. IPANEX (Federación Española de Nodos Alternativos) es la federación de las Redes de APC en España para desarrollar y mantener un sistema de información que permita que grupos dispersos geográficamente que trabajan para el cambio social y medio-ambiental puedan coordinar sus actividades. IPANEX dispone de una base de datos de 300 ONG españolas, clasificadas por ámbitos de actuación.

www.eusnet.org. EUSNET es un nodo participado de 85 colectivos del País Vasco. Ofrece una amplia gama de buscadores y enlaces definidos, así como enlaces con 30 periódicos diarios españoles y extranjeros. También ofrece una sección de "Otras voces del planeta" (Chiapas, Sahara, Kurdistán...).

www.pangea.org. PANGEA es una ONG, adherida a APC e IPANEX, cuyo principal objetivo es favorecer la comunicación a través de Internet a todo tipo de ONG, colectivos, sector educativo o personas que trabajan para el cambio a un mundo mejor. Especial atención merece su apartado de directorios, de lo mejor de la Red.

www.pangea.org/SPIE. Servicio de Internet integrado en PANGEA impulsado por diversas ONG radicadas en Aragón. Proporciona un medio de comunicación rápido y flexible a organizaciones y colectivos aragoneses.

www.nodo50.ix.apc.org. Servidor para ONG radicado en Madrid que ofrece información y enlaces interesantes relacionados con la cooperación al desarrollo, además de servicios a las organizaciones adheridas.

www.xarxaneta.org. Es una ONG de carácter alternativo, radicada en Valencia, que ofrece servicio de comunicaciones a organizaciones e individuos que trabajan contra la marginación social y a favor del desarrollo.

www.soliRed.org. SoliRed (Profesionales Solidarios de España) ofrece el servicio ONGLine. Un servicio de asesoramiento a través de Internet que presta asistencia profesional gratuita o distintas ONG, con el respaldo de profesionales voluntarios —cualificados en diferentes temas técnicos, legales, organizativos, comerciales...— y cumpliendo con los objetivos de calidad establecidos.

www.canalsolidario.com. Página con múltiples secciones dirigidas hacia temas de voluntariado y cooperación: noticias, bolsa de trabajo, proyectos... Contiene un directorio de ONG españolas.

www.apc.org. APC (Asociación para el Progreso de las Comunicaciones) es una ONG con el rango de Consultor General de las Naciones Unidas, formada por un conjunto de más de 25 redes internacionales. APC proporciona herramientas de comunicación e intercambio de información entre la ONG y el internauta, así como fórums y contactos vitales para más de 40.000 ONG, activistas, educadores y líderes de comunidades en 133 países.

http://www.iepala.es/. IEPALA (Instituto de Estudios para África y América Latina) es una ONG que se encarga del estudio de las realidades del Tercer Mundo y las relaciones Norte/Sur (especialmente de África y América Latina) bajo todos sus aspectos y dimensiones. Dispone de bases de datos, directorios, estudios monográficos... referidos al Tercer Mundo.

http://www.reliefweb.int. El mejor sistema global sobre situaciones de emergencia, crisis humanitarias y desastres naturales. Permanentemente actualizado, es un servicio de la Oficina de las Naciones Unidas para asuntos humanitarios (OCHA). En inglés.

www.nonviolence.org/links.htm. Página dedicada a la paz y la no violencia con enlaces a más de 350 páginas web de organizaciones, revistas, centros y grupos que trabajan por la paz en el mundo. En inglés.

www.derechos.net/links/esp/. Página muy completa en español elaborada por Derechos Humanos —*Human Rights*—. Contiene más de 2.000 documentos con todos los temas referidos a los derechos humanos: legislación, organizaciones, campañas, publicaciones, foros de discusión...

www.icare.to. Página mantenida por *Internet Center Antiracism Europe* que contiene abundante información sobre la problemática del racismo. 1.500 *links* con organizaciones de 108 países. Agenda de eventos internacionales, interconferencias... En inglés.

www.vocesmujer.com. Esta página aporta unas interesantes secciones de directorios sobre ONG, asociaciones, páginas web, recursos..., dedicados a la mujer. Es una perfecta vía de entrada hacia otras páginas dedicadas al tema.

http://www.unsystem.org. Buscador oficial del sistema de comunicación de Naciones Unidas desde donde es posible acceder a todos los organismos de la ONU (UNESCO, ACNUR, PNUD, OMS...). En francés y en inglés.

http://europa.eu.int. Servidor oficial donde se encuentra toda la información referida al Parlamento, el Consejo, la Comisión, el Tribunal de Justicia, el Tribunal de Cuentas y los demás órganos de la Unión Europea. Múltiples enlaces con las páginas oficiales de cada organismo. Disponible en español.

http://www.sosforevs.org. Página de SOS-Servicios Voluntarios. Organismo de apoyo a la gestión de programas del SVE. Ofrece información sobre las características del programa del Voluntariado Europeo, puestos disponibles, asociaciones juveniles... En francés y en inglés.

http://www.aeci.es. Agencia Española de Cooperación. Perteneciente al Ministerio de Asuntos Exteriores Español. Ofrece información de la agencia sobre becas, convocatoria de ayudas, procedimientos, proyectos... relacionados con la cooperación exterior.

http://www.mtas.es. Página ministerial desde la que se puede acceder a los diferentes departamentos especializados como el Instituto de la Mujer, Instituto de la Juventud, Secretaría de Asuntos Sociales...

http://albergue.hypermart.net/. En el "Albergue de Náufragos" encontrarás información solidaria.

NetAid es el nombre de uno de los sitios web más potentes del mundo. Inaugurado el pasado otoño, su misión es servir de motor de ayuda para todos aquellos que padecen la pobreza más extrema. Para lograrlo cuenta con una herramienta muy potente: Internet. Sus páginas se han convertido en un portal especializado con un montón de actividades que sirven para combatir la pobreza en el mundo. Su objetivo es crear oportunidades para que la gente aprenda, intercambie ideas y experiencias, contribuya con tiempo y dinero y sirva de nexo para todos aquellos que lideran la lucha contra este problema. El sitio **www.netaid.org** tiene capacidad para soportar hasta 125.000 conexiones simultáneas, aproximadamente diez veces el tamaño de cualquier otro "site", y 60 millones de entradas por hora. Para gestionar toda esta actividad NetAid implantará una red, compuesta por más de 1.500 servidores, distribuida en nueve localizaciones por todo el mundo.

Tecnología

"CÓMO CAMBIAN LOS TIEMPOS, VENANCIO"
Eduardo Consuegra

Nacido en La Habana, Cuba, en 1960. Muy normalito en todo.

Datos de interés: zurdo, pérdida de pelo desde los 30, padre de familia. Apasionado de la tecnología, los ordenadores y otros aparaticos relacionados con la misma.

Graduado en Medicina en 1984 y especialista en Pediatría desde 1988.

Vivo en España desde 1996 y estoy encantado de estar aquí. Actualmente trabajo como pediatra. Un buen día contacto con Gomaespuma (que entonces buscaban un experto en tecnología) y les cuento cosas sobre mi afición. Ellos al ver que de idea tengo poco, me proponen una pequeña sección en su programa. Así nace "Cómo cambian los tiempos, Venancio".

Aunque echo mano de ambos navegadores (Internet Explorer y Netscape), uso el primero más que el segundo por su mejor vinculación con Windows. Además el *browser* carga mucho más rápido y la forma en que ese navegador permite ver el historial *(history)* es más fácil que la de Netscape.

Otra cosa importante es que el procesador de correo electrónico Outlook Express es actualmente el mejor de los que hay en el mercado, pues es el único que te permite revisar el correo de varias cuentas a la vez, además de mantener abierta todo el tiempo la libreta de direcciones, facilitando la confección y envío del correo. De todas formas, espero que el Netscape Messenger de la esperadísima versión 6.0 del Communicator tenga esas mismas opciones y cargue más rápido, pero por lo demás (que no es poco) prefiero el Netscape, principalmente —confieso— porque Bill Gates ya tiene suficientes pelas como para seguir juntando más.

También utilizo el Neoplanet, no porque sea un Explorer maquillado, sino porque tiene una barra de canales con sistema de pestañas que simplifica la navegación a la hora de hacer búsquedas, con la posibilidad de encontrar noticias de última hora en las principales URL dedicadas a tecnología u otras ramas; además su barra es fácilmente configurable y personalizable.

Aparte de los navegadores, al entrar en Internet abro el Yahoo Messenger pues de esta forma siempre tengo los titulares a mano y las noticias por categorías. Para el chat prefiero el MSN Messenger por su vinculación con el Netmeeting y porque la difusión de este ha sido muy rápida y es probable que cualquier amiguete lo tenga y te lo pueda pasar.

Una buena vía para recibir información sobre un tema específico es suscribirse a algunas de las revistas que circulan por Internet, muchas de ellas gratuitas. Si no quieres recibir esto en el procesador habitual de correo (Outlook Express, Netscape Messenger, Eudora...) puedes dar una dirección diferente a la que utilizas de forma habitual (por ejemplo: **ejemplo@hotmail.com**, **ejemplo@yahoo.com** o **ejemplo@netscape.net**). De esta forma, no sobrecargarás tu correo diario.

Entre las direcciones a las que acudo con más frecuencia te recomiendo las siguientes:

http://www.yahoo.com.

http://news.lycos.com/headlines/science/ (Lycos News Science).

http://unisci.com/ (Daily University Science News).

http://www.wiRed.com/news/technology/0,1282,00.html (Noticias de tecnología por WiRed News).

http://www.msn.es/homepage.asp (Microsoft Network en español).

http://www.cnnespanol.com (noticias de la CNN en nuestro idioma).

http://www.medscape.com (noticias sobre última tecnología).

Telefonía IP

PeopleCall llama a cualquier teléfono fijo desde tu ordenador, en español: **http://www.peoplecall.com**.

Internet Phone, lo mismo pero en inglés: **http://www.vocaltec.com**.

Un operador IP en Francia: **http://www.isdnet.net**.

Universidades: Nacional e Internacional

Universidad Complutense de Madrid: **www.ucm.**
Universidad Autónoma de Madrid: **www.uam.es**.
Universidad Politécnica de Madrid: **www.upm.es**.
Universidad de Barcelona: **www.ub.es**.
Universidad Autónoma de Barcelona: **www.uab.es**.
Universidad de Zaragoza: **www.unizar.es**.
Universidad del País Vasco: **www.ehu.es**.
Universidade da Coruña: **www.udc.es**.
Universidad de Sevilla: **www.us.es**.
Universidad de Granada: **www.ugr.es**.
Universidad de Valencia: **www.uv.es**.
Universidad de Valladolid: **www.uva.es**.
Universidad de Salamanca: **www.usal.es**.
Universidad de Santiago: **www. usc.es**.

Estados Unidos:	Berkeley: **www.berkeley.edu**.
	Princeton: **www.princeton.edu**.
	Harvard: **www.harvard.edu**.
	Boston University: **web.bu.edu**.
Inglaterra:	Oxford: **www.ox.ac.uk**.
	Cambridge: **www.cam.ac.uk**.
Irlanda:	College Dublin: **www.ucd.ie**.

Australia: Sidney: **www.usyd.edu.au**.
Melbourne: **www.unimelb.edu.au**.

Francia: Burdeos: **www.cribx1.u-bordeaux. fr**.

Alemania: Dortmund: **www.uni-dortmund.de**.
Stuttgart: **www.uni-stuttgart.de**.
Hamburgo: **www.uni-hamburg.de**.

Viajes

"GOMAESPUMA CON MALETAS"
José Manuel La Peña

Encantado de conocerte, soy José Manuel La Peña, el responsable de "Gomaespuma con maletas", una sección en la que cada viernes trato el mundo de los viajes basándome en mis experiencias personales, ya que por motivos profesionales he logrado conocer y sigo descubriendo muchos rincones de este planeta que habitamos.

Navego en Internet para buscar datos concretos y actualizados sobre algún lugar o destino concreto. Introduzco la palabra clave en alguno de los buscadores para ir a la página o páginas donde encuentro la información. En resumen, un método muy sencillo que me ha funcionado hasta el momento y que no me complica demasiado la vida.

El navegador que tengo instalado para moverme por Internet es Internet Explorer. Lo cierto es que, hasta el momento, es el que me ha dado mejores resultados. A la hora de acceder a la información suelo utilizar varios buscadores, entre ellos: **www.altavista.com**; **www.yahoo.com** o **www.elindice.com**. Aquí introduzco la palabra clave del objeto de mi búsqueda y voy navegando por las diferentes direcciones que van saliendo.

De todas formas, tengo agregadas en mi carpeta de favoritos algunas direcciones que pueden resultarte útiles si eres un entusiasta viajero o tienes alguna salida en mente:

www.euw.net. En esta dirección encontrarás cantidad de información referente a todos los países europeos, sean o no de la Unión Europea.

www.lonelyplanet.com. Las famosas guías *Lonely Planet* han abierto su propia página web en la que encontrarás abundante información sobre viajes.

www.travelnotes.org. Esta página tiene numerosos enlaces que te permitirán descubrir paisajes inhóspitos y lugares poco comunes adonde desplazarte.

www.iberica.com. Una completísima guía de viajes alrededor del territorio español.

www.fodords.com. A través de esta página tú mismo podrás confeccionarte una guía propia de un país o zona determinada.

www.ecoutour.org. Si eres amante de la ecología, Ecoutour te propone varias alternativas para vivir el turismo ecológico.

www.msn.com. Es una página que pone a tu servicio Microsoft con multitud de propuestas de viajes y todo tipo de información que puede resultarte útil a la hora de desplazarte.

www.pi-travel.com. Una página oficial de turismo en la que se encuentran representados 13 países y unas 3.000 islas del Pacífico Sur.

www.ruraltour.com. Muy indicada para los amantes del turismo rural. La página te ofrece toda la información que existe sobre las casas rurales dispersadas por nuestro país.

www.gorp.com. Ofrece diferentes secciones acerca de todo lo relacionado con las vacaciones y la aventura.

www.mtsobek.com. Amplísima información si quieres recorrer cualquier lugar del mundo.

www.tiborg.com/naturaltur/. Todo sobre piragüismo y senderismo con rutas rurales curiosas.

www.mercatour.com. Podrás confeccionar aquí tu propio viaje dependiendo de cuál sea tu destino.

www.escapade.es. Una guía de hoteles y alquileres turísticos.

Por último, quiero recomendarte VENYVERAS (**www.venyveras.com**). Es una potente herramienta de búsqueda especializada en el sector turístico. El objetivo principal que persiguen los promotores de este gran invento es convertirse en el principal apoyo tecnológico de todo el sector empresarial turístico. Un proyecto bastante ambicioso para el que cuentan con una selección de atractivos espacios de ofertas y servicios, que generarán una importante afluencia de visitas.

—Directorios de búsqueda:
-Arte y cultura
-Empresas turísticas
-Formación
-Guías y medios de comunicación
-Industria y servicios
-Tecnología y Turismo
-Turismo y Ocio

—Directorios de Servicios:

-Crea tu portal. La última tecnología de Internet al alcance de toda la pequeña y mediana empresa.

-Avisos. El usuario puede recibir información sobre ofertas de última hora acerca de viajes o eventos deportivos, de aventura... a través de su teléfono móvil o correo electrónico.

-Trabajo. Espacio dedicado a bolsa de trabajo (oferta y demanda) con diferentes categorías laborales, todas ellas vinculadas al mundo del turismo.

No obstante, si quieres información más completa te invito a que eches un vistazo, todo un mundo turístico a través de la Red.

Vivienda

Estás a la búsqueda de una vivienda inteligente... Con los nuevos adelantos tecnológicos es posible que desde la cama o el coche puedas teclear una clave para que se encienda la cocina y se vayan haciendo las tostadas. Aquí tienes algunas direcciones interesantes que te ayudarán a convertir tu hogar en una auténtica vivienda del siglo XXI:

www.arrakis.es. Empresa especializada en instalaciones domésticas y nuevas tecnologías aplicadas a la vivienda: ahorro energético, seguridad, confort...

www.domodesk.com. Controla tu casa desde tu PC, teléfono o de viva voz y sin cables.

www.tinacria.com. Integradores, tecnología de la automatización. Control de accesos, de energía, de procesos, presencia...

www.camba.com. Todo lo que necesitas saber de la vivienda inteligente.

www.ineli.es. Controla inteligentemente tu casa.

www.dinitel.es. Aproximación a la domótica, término que define la incorporación a la vivienda de elementos que permiten su control y gestión.

www.domocomm.es. Ingeniería domótica. Formación y automatización de viviendas.

www.intelligent-es.com. Gestión técnica de edificios, domótica, integración, telecontrol y telegestión. Asesoramiento informático y de control de edificios inteligentes.

www.guift.com. Terminales inteligentes de habitaciones, telegestión, telecontrol y domótica.

www.conleac.com. Domótica y edificios inteligentes.

www.save.es. Todo para crear un hogar inteligente.

WAP

PortalWAP, en español: **http://portalwap.com**.

WAP-Structure, en inglés: **http://www.cellular.co. za/wap.htm**. y **http://www.wapys.com**.

Tercera parte

Glosario de términos

Ancho de banda

Medida de la cantidad de información que se puede transmitir al mismo tiempo.

Archie

Sistema para localizar archivos almacenados en servidores FTP de Internet.

Arpanet

Red americana de los años 70 considerada el origen de Internet.

Arrastrar

Significa pulsar el botón del ratón sobre un objeto y, sin dejar de pulsarlo, moverlo sobre la mesa.

@ Arroba

Signo que identifica el servidor de una dirección de Internet. Al utilizar el correo electrónico esta dirección me identifica en todo el mundo.

Attachment

Es cualquier fichero que se adjunte a un mensaje de correo electrónico.

Backup

Copia de seguridad. Los programas de *backup* permiten meter en disquetes la información del disco duro, para recuperarla en caso extremo.

Banner

Los *banners* son la respuesta de la Web a la necesidad de encontrar un método de generar ingresos con las páginas: anuncios rectangulares que por lo general se encuentran en la parte superior de las páginas y que al ser tocados llevan al usuario al sitio del anunciante.

Base de datos

Ficheros de datos y programas de acceso que permiten consultar datos.

BBS

Bulletin Board System. Antes de que existiese la World Wide Web, los entusiastas de los ordenadores utilizaban sus módems para conectarse por vía telefónica a los BBS. En estos pequeños sistemas podía encontrarse software, acceso a correo electrónico e, incluso, podía chatearse con otros miembros del BBS. Algunos BBS crecieron en proporciones gigantescas. Es el caso de American Online, hoy en día el proveedor de acceso a Internet más grande del mundo.

BIPS

Billions of instructions per second. Miles de millones de instrucciones por segundo. Unidad de medida de la velocidad en proceso.

BIT

Dígito binario. Es la mínima unidad de información. La base de la informática.

BPS

Bits por segundo. Velocidad de transmisión o recepción de un módem.

BTW

Significa *by the way;* en español, por cierto. Es una abreviatura que se utiliza comúnmente en los mensajes de correo electrónico y en los artículos de "Usenet".

CD-ROM

Compact-Disc Read Only Memory. Disco compacto con datos grabados con tecnología láser. Puede contener hasta 600 Megabytes.

Chat

Uno de los servicios que ofrece Internet y a través del cual se ponen en comunicación y conversan varios internautas para tratar un tema en concreto.

Cliente

Es la aplicación que utiliza un usuario final cuando está utilizando un servicio a través de una red. El otro polo de esta relación es el "servidor", la aplicación que "sirve" la información al cliente.

Colgarse

Es el término utilizado cuando el ordenador se paraliza y no responde ni al ratón ni al teclado. En este caso prueba presionando simultáneamente las teclas: "Control" + "Alt" + "Supr".

Cookie

Información que algunas web mandan al navegador para que se almacene en el disco duro y pueda ser recuperada con posterioridad. Los servidores identifican a cada usuario que accede a sus páginas con una *cookie.* Su función es guardar información sobre el visitante como, por ejemplo, el nombre del usuario, su contraseña y sus preferencias.

CPU

Central Procesing Unit. Unidad Central de Proceso. Es el microprocesador, el chip más importante del PC, su cerebro.

Cracker

Especialista en descifrar códigos y contraseñas. Suele sabotear los sistemas de seguridad con fines ilegales.

Cursor

Pequeña raya o flecha parpadeante que se pasea por la pantalla y que se maneja a través del ratón o de las teclas flecha.

Directorio

Conjunto de archivos de un disco, organizados bajo un nombre. En Windows se llama carpeta.

Dominios

Estructura jerárquica que organiza las máquinas de Internet de forma que sea fácil recordar su nombre.

Dominio público

Programas que pueden ser copiados y utilizados libremente.

Download

Bajar. Significa copiar un programa a nuestro ordenador desde otro ordenador remoto.

Driver

Programa que permite acceder a un periférico.

E-mail

Dirección de correo electrónico. Es única para cada usuario de Internet e incluye la famosa @.

Etiquetas

Códigos empleados en lenguaje HTML para describir la página, con los que se definen los estilos de texto, imágenes, hiperenlaces...

FAQ

Frequently Asked Question. Preguntas más frecuentes. Las FAQ son capítulos dentro de las páginas web, que responden a las preguntas que hacen más frecuentemente los usuarios sobre un tema determinado.

Fibra óptica

Fibra de vidrio que transmite gran cantidad de datos con alta fiabilidad.

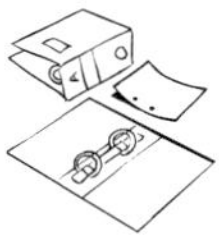

Fichero

Conjunto de datos.

Foro

Área de Internet donde los participantes intercambian mensajes acerca de un tema de interés común. Se suele utilizar para hacer preguntas, compartir información y debatir.

FPS

Fotogramas por segundo.

FTP

File Transfer Protocol. Es un método que facilita el intercambio de ficheros entre dos ordenadores o que permite consultar un ordenador a partir de otro.

Gateway

Dispositivo para acceder a una red de ordenadores.

GB

Gigabyte = 1.024 Megabytes.

Gopher

Sistema de información de Internet organizado por directorios en los que nos movemos como en un disco duro. Permite buscar en los directorios las palabras que deseemos y devuelve todas las coincidencias.

Grupos de noticias

Foros de debate donde todo el mundo puede participar conectándose a un servidor de noticias.

Hacker

Pirata informático.

Hiperenlaces

Son los enlaces que contienen los documentos "Hipertexto" y que guardan información sobre el documento al que apuntan. Al pulsarlos se pasa a otra página. Esta comunicación se materializa en la pantalla por el subrayado de ciertas palabras —que suelen estar de otro color— o por el hecho de que el cursor se transforma en "mano" sobre ciertas imágenes.

Hipertexto

Texto con botones y palabras activas que te permite a través de un clic con el ratón acceder a otra pantalla.

Home-page

Es la pantalla principal de un programa. Una *home-page* en Internet es el primer documento de un servidor. A partir de él, entrarás en el resto.

Host

Es el ordenador conectado a Internet.

HTML

HyperText Markup Language, lenguaje de etiquetas de hipertexto. Es el lenguaje mediante el cual se crean y diseñan las páginas web.

Icono

Dibujo que representa algo: bien un archivo, un módem, un programa...

Internet

Red mundial de ordenadores (servidores) interconectados que utilizan un modo de intercambio de información llamado TCP/IP. Se accede tras haber obtenido un código personal que identifica al usuario y que permite la utilización de diferentes servicios de Internet. Esta red no comercial es sin duda el fenómeno de moda del fin de siglo.

IP

Protocolo en el que se fundamenta Internet. También los nombres de las máquinas de Internet se llaman direcciones IP.

IRC

El *Internet Relay Chat* proporciona un medio de comunicación basado en Internet. La comunicación se produce en tiempo real, es decir, uno escribe el mensaje, lo envía y al instante es visualizado por otras personas que le responden. De esta manera, se establecen charlas (chats) sobre los temas más diversos con personas de todo el mundo. Existen diversas redes de IRC, formadas por servidores (grandes computadoras) que conectan a los usuarios entre sí, intercambian sus mensajes y hacen posible la comunicación.

Java

Lenguaje de programación orientado a objetos. Inventado por Sun Microsystem con el fin de enriquecer las páginas web con funciones avanzadas como por ejemplo: animaciones, cálculos, creación de páginas interactivas...

LCD

Pantalla de cristal líquido.

Login

Nombre del usuario.

Macintosh

También conocido como Mac. Tipo de ordenador fabricado por Apple Computer.

Menú

Lista de opciones de un programa que pueden seleccionarse con un simple clic del ratón.

Módem

Modulador/demodulador. Aparato que convierte las señales analógicas en digitales y viceversa, con el fin de poder enviar información digital a través de líneas telefónicas analógicas.

Mosaïc

Programa de navegación sobre Internet difundido libremente a partir de 1993. Ese mismo año salieron las versiones para IBM y para Macintosh al mercado y su éxito fue inmediato. Su creador Marc Andreesen fue contratado por el presidente de Silicon Graphic para crear una nueva compañía: Netscape.

MP3

Formato de comprensión de audio a través del cual puedes descargarte música con una calidad próxima a la del CD de Internet

Navegador (browser)

Visualizador especial que permite ver hipertexto y conectarse a los servidores web para pedirles los documentos a los que apuntan los hiperenlaces. El más extendido actualmente es Netscape Communicator seguido de cerca por Explorer de Microsoft.

Netscape

Compañía fundada en 1994 por Jim Clark. Impresionado por las posibilidades de Mosaïc —programa de navegación difundido libremente desde 1993— contrató a su creador, Marc Andreesen, para que desarrollara una versión comercializable de su programa. Netscape Navigator fue publicado a finales de 1994 y se impuso inmediatamente como el programa de navegación de Internet.

Netware

Sistema operativo de Novell muy utilizado sobretodo en las redes locales.

Network

Es simplemente el trabajo en la Red.

Newsgroups

Uno de los servicios que ofrece Internet donde los usuarios disponen de espacios dedicados a la discusión de cualquier tema.

Nick

Nombre que identifica a un usuario en una canal de IRC.

Nodo

Es el punto de conexión de los ordenadores de una red.

Número IP

Número único de cuatro cifras separadas por puntos que identifica a cada ordenador presente en Internet.

Password

Palabra clave sin la cual no puedes acceder a determinados programas. Se utiliza para controlar el acceso a datos confidenciales.

Pirata

Aquel que copia ilegalmente programas de ordenador.

Plug-in

Módulo de programa que se inserta en un navegador o explorador de la World Wide Web y aumenta su capacidad para manejar y visualizar archivos de diversos formatos.

POP3

Post Office Protocol 3. Protocolo de oficina de correos 3. Protocolo cliente-servidor de transferencia de mensajes de correo electrónico. Versión 3.

Procesador de textos

Es un programa que sirve para escribir textos de todo tipo.

Protocolo

Formato de intercambio de datos entre dos ordenadores. Normas que deben tener en cuenta tanto receptor como emisor.

Puerto

Enchufe en donde se conectan los cables del PC para la salida o entrada de datos.

RAM

Random Acces Memory. Memoria de acceso aleatorio. Es la memoria del PC. Puede escribirse electrónicamente.

RDSI

Red Digital de Servicios Integrados. Ofrece conectividad con velocidades elevadas a redes como Internet.

Red

Conjunto de ordenadores conectados.

Reset

Botón de la unidad central del ordenador. Si lo presionas es como si apagases el PC y lo volvieras a encender de nuevo.

ROM

Read Only Memory. Memoria sólo de lectura. No puede escribirse en ella.

Router

Máquina que se encarga exclusivamente de dirigir el tráfico en una red.

Servidores

Máquinas y programas que atienden las peticiones de los clientes.

Sitio

Conjunto de páginas web que tratan de un mismo tema y pertenecen a la misma persona o compañía.

Smiley

Símbolo formado por distintos caracteres que se utilizan para mostrar algo. :-) significa una sonrisa J.

SMTP

Simple Mail Protocol. Protocolo sencillo de transferencia de correo utilizado para el intercambio de mensajes de correo entre ordenadores servidores. Para recoger los mensajes se utiliza el protocolo POP3.

TCP/IP

Transmission Control Protocol/Internet Protocol. Conjunto de reglas que gobiernan el intercambio de información entre ordenadores conectados a Internet. Es el lenguaje común que utilizan los ordenadores para comunicarse a través de la Red, ya sean servidores u ordenadores personales.

Telnet

Terminal de red. Aplicación de Internet que permite que un usuario se conecte a otro ordenador en cualquier parte de Internet y actúa como un terminal de este.

Terminal

Pantalla y teclado unidos por una red a un ordenador central que contiene el disco duro y la CPU.

URL

Uniform Resource Locator. Localizador uniforme de recursos. Cada documento Internet tiene su URL asociado.

Usenet

Red de noticias públicas creada por dos universidades que necesitaban compartir información. Actualmente es una red con miles de temas de conversación y acceso libre.

Virus

Programas que se introducen en el ordenador y que pueden causar grandes desperfectos, como borrar datos, archivos de inicio, librerías, desconfigurar programas...

White pages

Bases de datos con direcciones de correo electrónico. Son las conocidas páginas blancas.

World Wide Web

También llamada WWW o Telaraña Mundial. Es un sistema de comunicación hipertexto de Internet.

La velocidad de la luz no es nada en comparación a la rapidez con la que avanza el mundo de Internet. Cuando esta guía llegue a tus manos habrán nacido infinidad de portales nuevos que aquí no se reflejan y te habrán surgido multitud de dudas ante las nuevas tecnologías de reciente aparición aplicadas a la Red. Con afán de mejorar y ofrecerte una próxima entrega lo más actualizada posible de este manual de Internet te invitamos a enviar cualquier tipo de sugerencia, duda o petición a nuestra página web.

Agradecemos tu colaboración por adelantado.
¡Hasta pronto!

Sugerencias, cambios, peticiones
y demás menesteres

www.gomaespuma.net

Este libro se terminó de imprimir
en el mes de octubre de 2000 en
los Talleres Gráficos de ORYMU, S. A.,
Pinto (Madrid)